LE RÊVE ET SON INTERPRÉTATION
SUIVI DE HENRI BERGSON : LE RÊVE

SIGMUND FREUD

Traduction par
H. LEGROS

TABLE DES MATIÈRES

Préambule									1

LE RÊVE ET SON INTERPRÉTATION

Chapitre 1									5
Chapitre 2									8
Chapitre 3									17
Chapitre 4									24
Chapitre 5									31
Chapitre 6									37
Chapitre 7									45
Chapitre 8									51
Chapitre 9									55
Chapitre 10									58
Chapitre 11									61
Chapitre 12									66
Chapitre 13									71

HENRI BERGSON : LE RÊVE

Le Rêve									75

PRÉAMBULE

En 1899, à une époque où la psychanalyse n'était pas encore une discipline reconnue, Sigmund Freud, qui se propose avec de nouvelles méthodes d'*explorer les sous-sols de l'esprit*, révolutionne la psychologie et ouvre le champ de nouvelles perspectives théoriques. Le rêve, en tant qu'objet d'étude, tient d'ailleurs une place centrale au sein de son oeuvre, celui-ci étant perçu comme l'une des portes d'entrée de l'inconscient, comme l'un des chemins à privilégier afin d'accéder aux pensées les plus enfouies de ses patients. C'est que le rêve possède en effet un atout majeur à ses yeux : Il est toujours l'expression d'un désir plus ou moins refoulé.

Dans cette édition, nous avons choisi de mettre en parallèle le texte de Freud avec une réflexion sur le même sujet produite par Henri Bergson à l'occasion d'une conférence en 1901, alors même que les travaux du psychanalyste autrichien commençaient à peine à obtenir dans toute l'Europe un succès amplement justifié. Notons d'ailleurs que Bergson ne cite que brièvement Freud dans son allocution et lui préfère d'autres références que nous qualifierons de plus « littéraires ». L'intérêt de la conférence de Bergson réside en fait dans la complémentarité du point de vue qui nous est offert quant à la question du rêve et de son rapport à l'inconscient. Bergson y parle pour l'essentiel du contenu onirique comme étant en lien avec la mémoire, le rêve n'étant qu'une résurrection du passé, mais un passé que nous ne pouvons reconnaître. Les souvenirs, ajoute-t-il, y sont à l'état de fantômes invisibles, s'agitant dans la nuit de l'inconscient en une immense danse macabre. C'est ainsi que la réflexion de Bergson rejoint, sans jamais la croiser, la pensée de Freud, ce dernier ne limitant pas son analyse à la description d'un phénomène puisque, bien au-delà des mécanismes mis à jour par Bergson, il en cherche le sens caché dans chacune de ses expressions.

FVE

LE RÊVE ET SON INTERPRÉTATION

SIGMUND FREUD

CHAPITRE UN

À une époque que nous pouvons nommer préscientifique, l'humanité n'était pas en peine d'interpréter ses rêves. Ceux dont on se souvenait au réveil, on les considérait comme une manifestation bienveillante ou hostile des puissances supérieures, dieux ou démons. Avec l'éclosion de l'esprit scientifique, toute cette ingénieuse mythologie a cédé le pas à la psychologie, et de nos jours tous les savants, à l'exception d'un bien petit nombre, sont d'accord pour attribuer le rêve à l'activité psychique du dormeur lui-même.

Toutefois, l'hypothèse mythologique se trouvant rejetée, il est devenu nécessaire de chercher au rêve de nouvelles interprétations. Dans quelles conditions se produit le rêve ? Quelles sont ses relations avec la vie psychique à l'état de veille ? Comment les excitations venues du dehors sont-elles susceptibles d'influencer le dormeur ? Pourquoi ces détails qui trop souvent répugnent à la pensée de l'homme éveillé, et cette discordance entre les moyens d'expression du rêve et les états affectifs qu'il accompagne ? D'où vient enfin l'instabilité du rêve ? Pourquoi, dès le réveil, est-il rejeté par la pensée comme un élément étranger, et s'efface-t-il, en tout ou en partie, dans la mémoire ? Ces problèmes qui, depuis des siècles, réclament une solution, n'en ont pas trouvé de satisfaisante jusqu'à ce jour.

Le problème qui nous intéresse en premier lieu, celui de la signification du rêve, se présente sous deux aspects : On cherche ce que signifie le rêve au point de vue psychologique et quelle est sa place dans le série des phénomènes psychiques. On veut savoir en outre si le rêve est susceptible d'interprétation et si le contenu du rêve, comme tout autre produit psychique auquel nous serions tentés de l'assimiler, présente un « sens ».

Considérant l'état actuel de la question, nous nous trouvons en présence de trois tendances bien distinctes. La première, qui semble un écho attardé de l'époque où l'on attribuait au rêve une origine surnaturelle, trouve son expression chez un certain nombre de philosophes. Pour eux, la vie du rêve aurait son principe dans un état spécial d'activité psychique ; ce serait une sorte d'ascension de l'âme vers un état supérieur. Telle est, par exemple, l'opinion de Schubert : « Par le rêve, l'esprit se dégage des entraves de la nature extérieure, l'âme échappe aux chaînes de la sensualité. » Sans aller si loin, d'autres affirment pourtant que les rêves sont, par essence, des excitations psychiques ; qu'ils sont des manifestations de certaines forces psychiques [1], que l'état de veille empêche de se développer librement. Il est de fait que dans certains domaines (par exemple celui de la mémoire) la plupart des observateurs attribuent aux manifestations de la vie de rêve une supériorité évidente.

Quant aux médecins qui écrivent sur le rêve, ils professent généralement une opinion diamétralement opposée à celle des philosophes. C'est à peine s'ils accordent au rêve la valeur d'un phénomène psychique. Il serait provoqué, d'après eux, par les excitations corporelles et sensorielles qui viennent au dormeur tant du monde extérieur que de ses propres organes internes. En ce cas, le contenu du rêve serait aussi dépourvu de sens et aussi impossible à interpréter que les notes frappées au hasard sur le clavier par une main inexperte en musique, et la définition du rêve serait simplement celle-ci : « Un processus matériel toujours inutile et très souvent morbide » (Bing). Tous les signes caractéristiques de la vie de rêve s'expliquent alors par l'activité incohérente de certains groupes de cellules qui restent à l'état de veille dans le cerveau, sous l'empire de ces excitations physiologiques, tandis que le reste de l'organisme est plongé dans le sommeil.

Le sentiment populaire, médiocrement influencé par ces jugements de la science et peu soucieux des origines profondes du rêve, s'obstine dans son antique croyance. Pour lui, le rêve a un sens, et ce sens renferme une prédiction. Pour la dégager du contenu du rêve qui est trop souvent confus et énigmatique, il est nécessaire de mettre en œuvre certains procédés d'interprétation, et ces procédés consistent généralement à remplacer le contenu du rêve, tel qu'il est resté dans la mémoire, par un autre contenu. La transposition peut se faire en détail, au moyen d'une « clef » qui ne doit pas varier ; on peut aussi remplacer d'un coup l'objet essentiel du rêve par un autre objet dont le premier n'aura été que le symbole.

Les gens sérieux sourient de ces enfantillages, car nous savons tous que « *songe est mensonge* ».

---

1. *Traumphantasie* de Scherner, Volkelt.

CHAPITRE DEUX

Quelle ne fut pas ma surprise de m'apercevoir un jour que la plus juste conception du rêve, ce n'est pas chez les médecins qu'il faut la chercher, mais chez les profanes où elle reste encore à demi voilée de superstition ! J'étais arrivé, concernant le rêve, à des conclusions imprévues qui m'avaient été fournies par une nouvelle méthode d'investigation psychologique, la même qui m'a rendu de grands services dans le traitement des angoisses, obsessions, idées délirantes et autres conflits, et qui depuis lors a été adoptée sous le nom de « Psychanalyse » par toute une école de chercheurs. La plupart de ces praticiens n'ont pas été sans reconnaître les nombreuses analogies qui existent entre la vie de rêve et les troubles psychologiques de toutes sortes que l'on observe dans l'état de veille. Il nous a donc paru intéressant d'appliquer aux images du rêve le même procédé d'investigation qui avait fait ses preuves à l'égard des images psychopathiques. Les idées d'angoisse et les idées d'obsession sont étrangères à une conscience normale, exactement comme le sont les rêves à une conscience à l'état de veille ; leur origine comme celle du rêve plonge encore dans l'inconscient. Si l'on a jugé intéressant au point de vue pratique d'étudier la naissance et le développement de ces images psychopathiques, c'est qu'il avait été démontré expérimentalement qu'il suffirait de découvrir les voies inconscientes par où les idées morbides d'un individu rejoignent le reste de son contenu psychique, pour que le symptôme névrotique soit résolu et que l'idée morbide devienne parfaitement répressible. C'est donc à la psychothérapie qu'est dû le procédé dont je me suis servi pour résoudre le problème du rêve.

Ce procédé est facile à décrire, mais son application exige de l'acquis et de l'habileté. Supposons que l'on ait affaire à un malade atteint d'idée d'angoisse. On l'invitera à fixer son attention sur cette idée, non pas, comme il l'a fait à d'autres moments, pour y rêver, mais pour en scruter clairement toutes les faces et faire part au médecin, sans restriction, de tout ce qui lui viendra à l'esprit. Le malade, le plus souvent, commence par répondre que son attention est incapable de rien saisir. Il faut le démentir et affirmer énergiquement qu'il est impossible que les images lui fassent défaut. Et, de fait, on verra bientôt se produire une foule d'idées et d'associations d'idées ; mais elles seront régulièrement précédées d'une remarque du patient qui les déclarera absurdes ou insignifiantes, ou bien prétendre qu'elles lui sont venues à l'esprit par hasard sans que rien les rattache au thème proposé. On s'aperçoit alors que c'est précisément cette autocritique qui a empêché le malade d'extérioriser ses images ou même d'en prendre conscience. Si l'on peut obtenir de lui que, renonçant à critiquer ses idées, il continue simplement à énoncer toutes les associations qu'un effort soutenu d'attention lui fera venir à l'esprit, on obtient un matériel psychique qui est en relation directe avec l'idée morbide primitive, qui permet de découvrir les associations existant entre cette idée et la vie psychique du malade, et grâce auquel le médecin finira par substituer à l'idée morbide une idée nouvelle exactement adaptée aux exigences psychologiques de son client.

Ce n'est pas ici le lieu d'examiner les hypothèses sur lesquelles repose cette expérience, ni les conclusions à tirer du fait qu'elle est infaillible. Qu'il nous suffise de dire qu'en fixant notre attention sur les associations « involontaires », sur celles « qui empêchent de réfléchir », sur celles que l'autocritique se hâte de rejeter comme trop insignifiantes, nous obtenons, à côté de l'idée morbide, un matériel qui nous permet de la résoudre. Si l'on essaie le procédé sur soi-même, le meilleur moyen de soutenir l'expérience est de noter par écrit, au fur et à mesure qu'elles se présentent, les idées dont on ne s'explique pas l'apparition.

Je voudrais maintenant montrer le résultat auquel on peut arriver en appliquant cette méthode à l'interprétation du rêve. En principe, le premier rêve venu se prêterait également à ma démonstration ; mais je préfère, pour différents motifs, choisir celui que j'ai fait la nuit dernière. Il est court, ce qui nous permet de l'utiliser, et ce que j'en ai retenu est absurde et confus à souhait. Voici le contenu de ce rêve que j'ai noté tout de suite après le réveil :

> *Une réunion à table ou à table d'hôte. On sert des épinards. Mme E.L. est assise auprès de moi et toute tournée de mon côté. Elle me passe familièrement la main sur le genou. Je fais un geste pour écarter sa main. Alors elle me dit : « Vous avez toujours eu de si beaux yeux ! » Et je distingue confusément quelque chose qui ressemble à un dessin représentant deux yeux, ou bien aux verres d'une paire de lunettes.*

Voilà le rêve, ou du moins, voilà ce que j'ai pu en noter. Je le trouve obscur, insignifiant et quelque peu surprenant. Mme E.L. est une personne avec qui j'ai eu de vagues relations d'amitié et n'en ai, que je sache, jamais désiré d'autres. Il y a longtemps que je ne l'ai plus vue, et je ne crois pas avoir entendu parler d'elle ces dernier temps. Je ne rencontre, dans le processus de ce rêve, aucune trace d'affectivité.

Plus j'y réfléchis, et moins il me semble intelligible. Je vais procéder maintenant à mon examen introspectif et noter, sans parti pris, comme sans critique, les idées qui me viendront. Mais je ne tarde pas à m'apercevoir que ce travail est notablement plus facile si je décompose d'abord le rêve et ses éléments et si je groupe, autour de ces fragments isolés, les idées qui s'y rattachent.

Réunion, Table ou Table d'hôte. Je me souviens tout d'abord de l'incident qui a clos la soirée d'hier. Comme je quittais une petite réunion en compagnie d'un ami, celui-ci offrit de prendre une voiture et de me déposer chez moi. « J'aime assez, ajouta-t-il, l'invention du taximètre. On le suit des yeux, on s'occupe, on se distrait... » Quand nous fûmes en voiture et que le cocher eut disposé la vitre de manière qu'on pût lire le chiffre : 60 heller, je repris place, et nous voici endettés. Le taximètre en voiture, c'est comme le table d'hôte, on s'y sent devenir avare et égoïste à force de songer à la dette qui augmente. Elle grandit trop vite, on a peur de ne pas en avoir pour son argent. À table d'hôte aussi, j'ai toujours cette préoccupation un peu comique de ne pas laisser le compte s'établir à mon détriment. » Et je citai, sans grand à-propos je l'avoue, deux vers de Goethe :

> Vous nous donnez la vie,
> Vous permettez que, pauvres,
> nous contractions une dette...

Une deuxième idée relative à la table d'hôte : Il y a quelques semaines, me trouvant à table dans une auberge du Tyrol, j'eus une discussion avec ma femme. Il me déplaisait que celle-ci fît des avances à certaines personnes dont je voulais à tout prix éviter le commerce. Je la priai de laisser là ces étrangers et de s'occuper de moi. Ici encore, il me semble que, d'une manière ou de l'autre, la table d'hôte m'ait frustré. Ce qui me frappe maintenant aussi, c'est le contraste de l'attitude de ma femme à cette table avec celle que prend dans le rêve Mme E.L. qui est toute tournée vers moi.

Autre remarque : Ce détail de mon rêve est la reproduction d'une petite scène qui eut lieu entre ma femme et moi au temps où je lui faisais secrètement la cour. La caresse sous la table, elle me la fit en réponse à une lettre où je la demandais en mariage. Dans le rêve, c'est la personne étrangère, E.L., qui remplace ma femme.

Mme E.L. est la fille d'un homme à qui j'ai dû de l'argent autrefois. Ici, je découvre une relation insoupçonnée entre les détails de mon rêve et les idées qu'il éveille en moi. Si l'on suit la chaîne d'associations qui part de l'un des éléments du rêve, on se trouve ramené assez vite à un autre de ses éléments ; autrement dit, il existe entre les idées éveillées par le rêve des liens qui ne sont pas discernables dans le rêve lui-même.

Quand une personne a l'air de compter sur les services d'autrui sans se donner par elle-même le moindre mal, en quels termes a-t-on coutume de la réprimander ? On lui dit : « croyez-vous que nous soyons ici pour vos beaux yeux ? » de sorte que les paroles prononcées dans mon rêve par Mme E.L. : « Vous avez toujours eu de si beaux yeux », ne signifient autre chose que : « Ce qu'on en fait, c'est pour l'amour de vous ; vous avez toujours eu gratuitement ce que vous désiriez. » Bien entendu, c'est le contraire qui est vrai ; mes amis m'ont toujours fait payer cher leurs bons procédés. C'est pourquoi la course gratuite en voiture, hier soir, avec mon ami, m'a frappé comme une circonstance exceptionnelle.

D'autre part, cet autre ami chez qui nous étions hier soir à dîner, j'ai souvent été son débiteur. J'ai laissé passer, l'autre jour encore, une occasion de m'acquitter envers lui. Je ne lui ai jamais fait qu'un seul cadeau, une coupe ancienne avec des yeux peints tout autour. Cela se nomme œil. L'ami dont je parle est oculiste. Hier soir aussi je lui ai demandé des nouvelles d'une malade que, pour une question de lunettes, j'avais envoyée à sa consultation.

Remarquons ici que presque tous les éléments de mon rêve se retrouvent dans les idées émises ci-dessus. Il reste à se demander ce que représentent les épinards servis à table d'hôte. Eh bien, les épinards évoquent une petite scène qui s'est passée l'autre jour chez moi, à table, parce qu'un enfant - celui-là même qui peut revendiquer les beaux yeux - refusait de manger des épinards. Moi aussi, dans mon enfance, j'avais horreur de ce légume, ce n'est plus que plus tard que mes goûts ont changé et que je l'ai apprécié. De sorte que la mention de ce mets rattache, à l'image de mon petit garçon, celle de ma propre enfance.- « Estime-toi heureux d'avoir des épinards », disait ma mère, qui désapprouvait ces manières, « bien des enfants seraient trop contents d'être à ta place ! » Ceci me ramène aux devoirs des parents envers leurs enfants, et les paroles de Goethe :

> Vous nous donnez la vie, Vous permettez que,
> pauvres, nous contractions une dette…

rapprochées de ce qui précède, prennent un sens nouveau.

Arrêtons-nous et jetons un coup d'œil sur les résultats auxquels nous sommes arrivés jusqu'ici par l'analyse de ce rêve. J'ai commencé par en isoler tous les détails, rompant ainsi le lien qui les rattachait l'un à l'autre ; ensuite, partant de chacun de ces détails, j'ai suivi les associations d'idées qui s'offraient à moi. J'ai obtenu par ce moyen un ensemble de pensées et de réminiscences parmi lesquelles je reconnais bon nombre d'éléments essentiels à ma vie intime. Le matériel ainsi mis au jour par l'analyse du rêve se trouve en relations étroites avec le rêve lui-même ; mais un simple examen du contenu du rêve ne me l'aurait pas fait découvrir. Le rêve était incohérent, inintelligible et dépourvu de tout élément affectif. Dans les idées que je développe à son arrière-plan on sent au contraire une affectivité intense et bien motivée ; ces idées s'enchaînent avec une logique parfaite, et, dans ces associations, les images qui ont le plus d'importance se reproduisent plus fréquemment que les autres. Dans le contenu du rêve que nous avons proposé en exemple, certaines de ces idées essentielles ne sont pas représentées : l'opposition entre « intéressé » et « désintéressé », la notion de la « dette », et celle du « don gratuit ». Dans cet écheveau de pensées qui s'est révélé à moi par l'analyse, je pourrais, en serrant plus étroitement les fils, montrer qu'ils aboutissent tous à un nœud unique. Mais, à côté des intérêts de la science, il existe des intérêts privés qui m'interdisent formellement de publier un travail de ce genre. Il me faudrait pour cela découvrir quelques-uns de mes sentiments intimes qui m'ont été révélés par l'analyse, mais que je n'aime pas à m'avouer à moi-même. Mieux vaut se taire. Et si l'on demande pourquoi je n'ai pas choisi un rêve dont je puisse donner l'analyse sans restrictions, de manière que le lecteur pénètre mieux le sens et la liaison des idées offertes, la réponse est simple : tout autre rêve que je pourrais choisir se réduirait en fin de compte à ces mêmes éléments difficilement communicables, et m'obligerait à la même discrétion. La difficulté ne sera pas moindre si je soumets à l'analyse le rêve d'une personne étrangère : du moins faudrait-il que ce fût dans de telles circonstances, que je pusse lever tous les voiles sans trahir celui qui m'aura communiqué son rêve.

Je puis dès maintenant concevoir le rêve *comme un substitut de tout le contenu sentimental et intellectuel des associations d'idées auxquelles l'analyse m'a fait parvenir.* Je ne sais pas encore par quel processus ces idées ont donné naissance au rêve, mais je puis affirmer déjà que c'est une erreur de ne voir dans celui-ci qu'un phénomène matériel sans importance pour la psychologie et qui n'a d'autre cause que l'activité persistante de quelques groupes de cellules pendant le sommeil.

Remarquons ici que le contenu du rêve est beaucoup plus court que tout cet ensemble d'idées dont il semble être le substitut ; et, en second lieu, l'analyse nous l'apprend, que ce qui a provoqué le rêve c'est une circonstance insignifiante de la soirée précédente.

Bien entendu, je ne voudrais pas tirer des conclusions générales de l'analyse d'un seul rêve. Mais quand l'expérience m'aura montré que le premier rêve venu, dès que je le soumets à l'analyse susdite, me donne de semblables enchaînements d'idées ; que ces idées, non seulement sont judicieusement reliées entre elles, mais reproduisent en partie les éléments du rêve, peut-être alors serai-je en droit d'affirmer que les associations d'idées observées une première fois ne sont pas un pur effet du hasard ; et peut-être me croirai-je autorisé à établir la terminologie de mon nouveau travail.

Le rêve, tel que je le trouve dans ma mémoire, je l'oppose au matériel qui me sera livré plus tard par l'analyse. Je nomme le premier : contenu manifeste du rêve ; le second, je le nomme, sans autre distinction préalable : contenu latent du rêve.

Je me trouve maintenant en face de deux nouveaux problèmes que je n'avais pas encore formulés :

1.Par quel processus psychique le contenu latent du rêve s'est-il transformé en ce contenu manifeste que je trouve dans ma mémoire au réveil ?

2.Pour quels motifs cette transformation s'est-elle trouvée nécessaire ?

Le processus de transformation du rêve latent en rêve manifeste, je le nommerai travail de rêve. Le travail opposé, celui qui aboutit à une transformation en sens inverse, je le nommerai travail d'analyse. Les autres problèmes, concernant la nature de l'incitation au rêve, l'origine du matériel de rêve, son sens probable, sa fonction, les motifs qui en rendent l'oubli si facile, je m'en occuperai plus tard, quand je passerai de la question du rêve manifeste à celle de son contenu latent.

Ce faisant, j'éviterai avec le plus grand soin de confondre le rêve manifeste avec les pensées latentes du rêve, car j'ai souvent pensé que si l'on rencontre en littérature tant de données fausses et contradictoires sur la vie de rêve, c'est que les écrivains ignorent le plus souvent que le rêve enferme des pensées latentes et qu'il importe de dégager d'abord celles-ci par l'analyse.

CHAPITRE TROIS

La transformation des pensées latentes du rêve en son contenu manifeste mérite de retenir toute notre attention, car elle est le premier exemple connu de la manière dont un matériel psychique passe d'une forme d'expression dans une autre, - disons : d'une forme d'expression parfaitement intelligible dans une autre à l'intelligence de laquelle nous ne parvenons que par un travail méthodique.

En égard aux relations qui existent entre le contenu latent du rêve et son contenu manifeste, les rêves peuvent se diviser en trois catégories.

En premier lieu, nous plaçons les rêves clairs et raisonnables qui semblent empruntés directement à notre vie psychique consciente. Ces rêves se produisent souvent. Ils sont brefs et ne nous intéressent guère parce qu'ils n'ont rien qui étonne, rien qui frappe l'imagination. Qu'il existe de pareils rêves, c'est le meilleur argument contre la théorie qui veut que le rêve soit un produit de l'activité isolée de quelques groupes de cellules. Ils ne témoignent en aucune façon d'une activité psychique réduite ou fragmentée, et pourtant nous n'hésitons pas à leur reconnaître les caractéristiques du rêve, jamais nous ne les confondrons avec des productions de l'état de veille.

En second lieu, nous avons le groupe des rêves raisonnables dont le sens, quoique parfaitement clair, ne laisse pas de nous étonner parce que rien en nous ne justifie de telles préoccupations. C'est le cas par exemple quand nous rêvons qu'un parent qui nous est cher vient de mourir de la peste, alors que nous n'avons aucun motif d'appréhender cet événement ou de le croire possible. Nous nous demandons avec surprise :

« D'où peut bien me venir cette idée ? »

Le troisième groupe enfin comprend les rêves qui manquent à la fois de sens et de clarté, qui sont incohérents, obscurs et absurdes. C'est sous cette forme d'ailleurs qu'ils se présentent le plus souvent, et c'est pour cela que les médecins, qui n'attribuent aux rêves qu'une importance médiocre, refusent de voir en eux autre chose que le produit d'une activité psychique réduite. Disons en outre que, d'une manière générale, il est rare que des rêves un peu longs et suivis ne présentent quelques traces d'incohérence.

On peut conclure de ce qui précède que l'opposition entre le contenu latent du rêve et son contenu manifeste n'a d'importance que pour les rêves de la deuxième et, plus spécialement, de la troisième catégorie. C'est dans ceux-ci que se rencontrent les énigmes que l'on ne peut résoudre qu'en remplaçant le contenu manifeste par le contenu latent ; et l'analyse que nous avons exposée précédemment est celle d'un rêve de cette catégorie, aussi confus qu'intelligible. Mais, contre notre attente, nous nous sommes heurté à des motifs de discrétion qui nous ont empêché de pousser à fond notre analyse, et après quelques essais du même genre, nous nous croyons fondé à conjecturer ce qui suit :

Entre le caractère confus et incompréhensible du rêve et la résistance que l'on éprouve à en développer la pensée latente, il existe un rapport secret et nécessaire.

Nous chercherons à savoir de quelle nature est ce rapport, mais, auparavant, il est désirable que nous tournions notre attention vers les rêves plus simples de la première catégorie, ceux où le contenu manifeste et le contenu latent se confondent de telle sorte que le travail du rêve y semble nul.

L'examen de ces rêves est encore nécessaire à un autre point de vue. C'est le type selon lequel se forment les rêves des enfants, rêves cohérents et toujours parfaitement clairs. Ceci, soit dit en passant, serait un motif de plus de ne pas vouloir ramener le rêve à une activité partielle du cerveau dans le sommeil, car pourquoi cette réduction des fonctions psychiques serait-elle propre au sommeil de l'adulte et non pas à celui de l'enfant ? Toujours est-il que les processus psychiques chez l'enfant étant extrêmement simplifiés, leur étude nous semble une préparation nécessaire à l'étude de la psychologie de l'adulte.

Je donnerai ici, en exemples, les quelques rêves enfantins qu'il m'a été possible de recueillir.

Une petite fille de dix-neuf mois est tenue à la diète pendant un jour parce qu'elle a vomi le matin ; au dire de sa bonne, ce sont les fraises qui lui ont fait du mal. Dans la nuit qui suit ce jour de jeûne elle prononce en rêve son nom d'abord puis : « fraise... tartine... bouillie ». Donc, l'enfant rêve qu'elle mange, et voit dans son menu précisément les choses dont elle s'attend à être privée. Un enfant de vingt-deux mois voit de même, en rêve, un plaisir défendu : il avait dû la veille offrir à son oncle un petit panier de cerise dont on ne lui avait permis de manger qu'une seule. En s'éveillant le matin, il déclara, enchanté : « Herman a mangé toutes les cerises. » Une petite fille de trois ans et trois mois avait fait une promenade trop courte à son gré car elle s'était mise à pleurer au moment de descendre. Le lendemain, elle raconta qu'elle avait vogué sur le lac pendant la nuit ; elle avait donc continué en rêve le divertissement interrompu. Un enfant de cinq ans et trois mois se montrait de mauvaise humeur au cours d'une excursion dans la religion du Dachstein ; à chaque nouveau sommet, il demandait si c'était là le Dachstein, et pour finir, il refusa d'aller avec les autres voir la cascade. Son attitude, que l'on met sur le compte de la fatigue, s'expliqua le lendemain ; il déclara, à son réveil, avoir rêvé qu'il montait sur le Dachstein. Il avait cru que le but de la promenade était l'ascension du Dachstein, et, ne voyant pas la montagne, s'était senti frustré ; après quoi, le rêve l'avait dédommagé de la déception du jour. Même exemple chez une fillette de six ans, en promenade avec son père et que l'heure tardive obligeait à rentrer sans avoir atteint le but. Elle avisa un poteau indicateur où se lisait un autre lieu d'excursion, et son père lui promit de l'y conduire une autre fois. Le lendemain matin, elle raconta à son père qu'elle avait rêvé qu'il faisait avec elle la première excursion et puis aussi la seconde.

Il est aisé de voir que tous ces rêves d'enfants sont identiques en un point. Ils réalisent les désirs que le jour a fait naître et n'a pas satisfaits. Ils sont donc, franchement et sans détours, des désirs réalisés.

Voici encore un rêve d'enfant inintelligible à première vue, mais qui ne fait non plus que réaliser un désir. Une fillette de près de quatre ans avait été amenée de la campagne à la ville à cause d'une poliomyélite ; elle avait passé la nuit chez une tante. Le lendemain matin, elle dit avoir rêvé que le lit était devenu beaucoup trop petit de sorte qu'elle n'y avait plus assez de place. L'énigme de ce rêve, en tant que réalisation d'un désir, est facile à éclaircir. Qui ne sait que pour les enfants, une chose entre toutes est désirable : devenir grand ! Les dimensions du lit avaient rappelé trop vivement à la fillette son peu d'importance ; aussi s'empressa-t-elle de remédier en rêve à cette situation humiliante, et elle devint si grande que le grand lit même ne pouvait plus la contenir.

Lors même que le rêve enfantin se complique et se raffine, il reste toujours aisé de le réduire à la satisfaction d'un désir. Un petit garçon de huit ans rêve qu'il se trouve aux côtés d'Achille dans le char conduit par Diomède. On n'ignore pas qu'il s'était plongé la veille dans la lecture des légendes héroïques de la Grèce. Nul doute qu'enthousiasmé par ces deux héros il n'ait regretté de n'avoir pas vécu de leur temps.

Ces différents exemples nous révèlent un second caractère du rêve enfantin ; il est en relation directe avec la vie quotidienne. Les souhaits que l'on y voit réalisés, l'enfant les a formulés pendant le jour, le plus souvent la veille, avec une vivacité toute particulière ; et d'autre part, jamais il ne rêve des choses qui semblent insignifiantes ou indifférentes à un esprit enfantin.

Chez l'adulte aussi, on rencontre de nombreux exemples de ces rêves du type infantile, mais, comme nous l'avons dit déjà, ils sont presque toujours très brefs. C'est ainsi que bien des personnes, s'il leur arrive d'avoir soif en dormant, rêvent qu'elles boivent ; le désir ainsi momentanément écarté, elles peuvent continuer à dormir. Ces rêves, que l'on pourrait appeler rêves de confort, ne sont pas rares, et se produisent souvent un peu avant le réveil, quand le dormeur pressent qu'il va falloir se lever. Il se hâte alors de rêver qu'il est sur pieds, qu'il est déjà occupé à sa toilette ou même à l'école, au bureau, à l'endroit où il importe de se rendre. Dans la nuit qui précède un voyage, on rêve souvent que l'on est arrivé à son lieu de destination. De même avant une représentation théâtrale ou une réunion d'amis il arrive que le rêve anticipe, comme par une sorte d'impatience, sur le plaisir qu'on se promet.

La réalisation du désir s'exprime parfois dans le rêve d'une manière indirecte. Il est nécessaire alors, pour rétablir la vraie pensée du dormeur, d'ajouter l'anneau qui manque à la chaîne ; c'est le premier pas dans la voie de l'interprétation du rêve. Un mari, par exemple, me raconte le rêve de sa jeune femme. Celle-ci a rêvé que ses règles se produisaient. Or, la cessation des règles est symptôme de grossesse ; ces deux idées ne peuvent que coïncider dans l'esprit de la jeune femme, et le contenu de son rêve, en tant que désir réalisé, m'indique clairement qu'elle souhaite que la grossesse tarde encore à venir.

Dans des cas spéciaux de nécessité extrême, les rêves du type infantile deviennent singulièrement fréquents. Le chef d'une expédition polaire raconte que pendant l'hivernage dans les glaces ses hommes, condamnés à des menus invariables et à la portion congrue, rêvaient toutes les nuits, comme des enfants, à des repas plantureux, à des montagnes de tabac et aux joies du foyer.

Il n'est pas rare que sur un fond de rêve obscur, long et confus, se détache un motif plus clair dans lequel on reconnaît immédiatement la réalisation d'un désir. Mais ce motif est soudé à des matériaux incompréhensibles, et après qu'on s'est appliqué longuement à analyser des rêves d'adultes, ceux mêmes qui paraissent les plus superficiels, on est assez étonné de s'apercevoir qu'ils n'ont jamais la simplicité des rêves enfantins et qu'un sens mystérieux se cache encore derrière l'image du désir réalisé.

L'énigme du rêve se trouverait sans doute résolue de la manière la plus simple et la plus satisfaisante si l'analyse nous permettait de ramener les rêves obscurs et intelligibles des adultes au type infantile, c'est-à-dire d'y voir la réalisation d'un désir vivement ressenti pendant le jour. Mais cette attente ne semble pas justifiée le moins du monde. Les rêves des adultes sont presque toujours encombrés de matériaux absurdes et hétéroclites, et ceux-ci n'offrent pas trace d'un désir réalisé.

Avant d'abandonner ces rêves infantiles qui sont visiblement des réalisations de désirs, notons encore une particularité qui a été observée depuis longtemps dans le rêve et qui se vérifie le mieux sur ceux du premier groupe. Chacun des rêves que nous venons d'étudier peut se formuler par un souhait : « Oh, si la promenade sur l'eau avait duré plus longtemps !- Que ne suis-je déjà levé et habillé !- Que n'ai-je mangé toutes les cerises au lieu de les donner à mon oncle ! » Mais le rêve donne quelque chose de plus que ce mode optatif ; il nous montre le souhait réalisé, il nous offre cette réalisation sous une forme réelle et actuelle ; et les matériaux dont il se sert pour nous la représenter consistent le plus souvent en situations, en images sensorielles, presque toujours visuelles. Donc, dans ce groupe même il se produit une sorte de transposition que nous pouvons appeler travail de rêve : *une pensée qui existait sous la forme optative est remplacé par une image actuelle.*

CHAPITRE QUATRE

Nous avons été amené à penser que quelques-unes des images que nous rencontrons dans nos rêves les plus incohérents sont aussi le résultat d'une transposition. Nous ignorons, il est vrai, si cette transposition a eu un désir pour objet ; toutefois l'exemple du rêve cité plus haut et dont nous avons déjà poussé assez loin l'analyse semble, dans deux de ses endroits au moins, nous confirmer dans cette supposition. On se rappelle que dans l'analyse de ce rêve, ma femme, à table d'hôte, s'occupe des étrangers plus que de moi et que je m'en suis montré froissé. Dans le rêve, c'est le contraire : la personne qui représente ma femme est toute tournée vers moi. Or, s'il est un désir qu'un incident pénible peut faire naître, c'est bien celui de voir se produire l'incident opposé... précisément, l'incident du rêve. Et cet autre sentiment que je découvre à l'analyse, la rancœur pour l'amour gratuit qui m'est refusé, ne trouve-t-il pas sa contre-partie dans les paroles du rêve : « Vous avez toujours eu de si beaux yeux ! » De sorte qu'une partie des oppositions entre le contenu manifeste du rêve et son contenu latent peuvent aussi se ramener à des désirs réalisés.

Le travail de rêve a encore une action plus surprenante, à

laquelle sont dus, sans aucun doute, nos rêves les plus incohérents. Prenant un rêve quelconque, si nous évaluons le nombre de ses images, soit directement, soit en les notant par écrit, et que nous fassions ensuite le même calcul sur les idées latentes fournies par l'analyse et dont le rêve a gardé une trace, nous nous apercevrons que le travail de rêve a opéré une compression, une condensation singulière. Il est difficile de se faire une idée *a priori* de l'importance de cette condensation, mais elle ne pourra que nous frapper davantage, à mesure que nous avancerons dans l'analyse du rêve. Nous ne rencontrerons alors aucun des éléments de son contenu dont les fils ne divergent dans deux ou trois directions, aucune situation dont les éléments ne soient empruntés à deux ou à plusieurs réminiscences de la vie réelle. Il m'est arrivé par exemple de voir en rêve une sorte de bassin de natation où les baigneurs semblaient fuir de tous côtés. À un certain endroit, une personne se penchait par-dessus bord vers une autre occupée à se baigner, comme pour l'attirer hors de l'eau. Nous trouvons ici la combinaison d'un souvenir de l'époque de ma puberté et de deux tableaux dont l'un était la *Surprise au bain*, dans les tableaux de Schwind sur Méusine (baigneurs fuyant de tous côtés), et l'autre un *Déluge* de l'école italienne. J'avais vu un de ces tableaux quelques jours auparavant. Quant au petit incident, il est dû à une réminiscence de l'école de natation et au spectacle du patron aidant à la sortie d'une dame qui s'était attardée jusqu'à l'heure des messieurs. Dans le rêve que j'ai choisi en exemple du travail d'analyse, il y a une situation que l'analyse nous montre liée à différents souvenirs ; or, chacun de ces souvenirs a apporté sa contribution au contenu du rêve. C'est d'abord la petite scène du temps de mes fiançailles, cette pression de main sous la table dont j'ai parlé plus haut, et qui fournit au rêve le détail « sous la table », attribuable à la mémoire. Quant à la personne « tournée vers moi », il n'en était pas question alors ; l'analyse m'apprend que ce détail est une réalisation de désir par le contraire et qu'il se rapporte à l'attitude de ma femme à table d'hôte. Derrière ce souvenir récent se cache une scène pareille, mais beaucoup plus tragique, qui remonte à nos fiançailles et nous brouilla pour tout un jour. Quant au geste familier de la main qui se pose sur mon genou, il évoque d'autres personnages et d'autres associations d'idées ; il devient lui-même le point de départ de deux enchaînements de souvenirs très différents ; et ainsi de suite.

Il faut naturellement que les détails empruntés aux idées latentes et qui, rapprochés, vont produire une situation de rêve, soient *a priori* utilisables. La première condition, c'est la présence, dans toutes ces composantes, d'un élément commun, voire de plusieurs. Le travail du rêve va servir alors du même procédé que Francis Galton pour ses photographies de famille ; il superposera les éléments, de manière à faire ressortir en l'accentuant le point central commun à toutes les images superposées, tandis que les éléments contradictoires, isolés, iront plus ou moins en s'atténuant. Ce procédé de composition explique en partie l'imprécision, le caractère flottant qui sont si caractéristiques dans les détails accessoires du rêve.

Les observations qui précèdent m'ont servi de base pour établir une des règles de l'interprétation du rêve : Quand, dans l'analyse des idées de rêve, on se trouve en présence d'une alternative, il faut se rendre compte que celle-ci n'est qu'une affirmation déguisée, remplacer le « ou » par un « et » et prendre les deux termes de la fausse alternative pour point de départ de nouvelles chaînées d'associations.

Quand les idées latentes n'ont pas de point commun, le travail de rêve, qui a toujours pour but de former une image unique, parvient néanmoins à les fusionner en une seule ; le stratagème qu'il emploie pour joindre ainsi deux idées qui n'ont rien de commun, c'est de changer l'expression orale de l'une des deux, souvent même des deux à la fois ; travail qui revient en somme à couler deux images disparates dans le moule unique d'une seule forme de langage. On pourrait assimiler cette fonction à celle de l'assembleur de rimes, qui trouve dans la concordance des sons l'unité souhaitée.

La plus grande partie du travail de rêve consiste à créer des transitions qui sont parfois très ingénieuses, mais nous paraissent souvent forcées. Elles servent à établir l'association qui existe entre le contenu du rêve et l'idée latente elle-même, différente dans sa forme et dans sa matière, élaborée par les circonstances qui ont amené le rêve.

En poursuivant l'analyse de notre rêve modèle je rencontre une pensée qui a été déformée dans le but de la faire coïncider avec une autre parfaitement étrangère à la première. Parmi les idées fournies par l'analyse se trouve celle-ci : Ne jouirai-je donc jamais, comme font les autres, d'un don gratuit ? Mais cette forme est inutilisable pour le contenu du rêve, aussi est-elle remplacée comme il suit : ne jouirai-je de rien dont il ne faille payer les frais ? Le mot « frais » va prendre un sens nouveau pour passer dans le cycle d'idées appartenant à la table d'hôte, et il y sera représenté par les épinards servis sur la table. Chez nous en effet, quand on sert un plat auquel les enfants refusent de toucher, leur mère cherche à les prendre par la douceur et les persuade d'en « goûter [1] » seulement un peu. Il est très singulier de voir le travail de rêve se servir sans hésiter des deux acceptations d'un même mot ; mais l'expérience nous montrera bientôt que rien n'est plus fréquent.

On explique aussi, par le travail de condensation, certaines images spéciales au rêve et que l'état de veille ignore absolument. Ce sont les figures humaines à personnalité multiple ou mixte, et aussi ces étranges créations composites qui ne se peuvent comparer qu'aux figures animales conçues par l'imagination des peuples d'Orient ; mais celles-ci se sont cristallisées une fois pour toutes tandis que les créations du rêve semblent emprunter des formes toujours nouvelles à une imagination inépuisable.

Qui de nous n'a rencontré dans ses propres rêves des images de ce genre ? Elles résultent des combinaisons les plus variées. Je puis former une figure unique de traits empruntés à plusieurs ; je puis voir en rêve une physionomie bien connue et lui donner le nom de quelqu'un d'autre, ou bien l'identifier complètement mais la placer dans une situation où, en réalité, c'est une autre personne qui se trouve. Dans ces différents cas, la condensation de plusieurs personnes en une seule confère à toutes ces personnes une sorte d'équivalence, elle les met, d'un point de vue spécial, sur le même plan. Cette équivalence peut être indiquée par le contenu du rêve, mais le plus souvent elle ne se découvre qu'à l'analyse, et rien ne la révèle dans le rêve si ce n'est la figure attribuée à la personne collective.

Cette règle unique et ces multiples procédés de composition s'appliquent aussi à toutes les images composites dont fourmille le rêve et dont il serait superflu de donner des exemples. Elles nous paraissent moins étranges dès que nous renonçons à les assimiler aux objets de notre perception à l'état de veille, pour nous souvenir qu'elles résultent du travail de condensation du rêve et servent à mettre en valeur de manière brève et saisissante, le caractère commun aux différents motifs de la combinaison. Ce caractère commun, c'est l'analyse qui nous permettra de la découvrir, car tout ce que nous pouvons conclure, le plus souvent, du contenu du rêve, c'est qu'il existe une inconnue, une valeur x, commune à toutes ces images hétéroclites. Et l'analyse, en dissociant ces images, nous mènera directement à l'interprétation du rêve.

Prenons un exemple. J'ai rêvé que je me trouvais, en compagnie d'un de mes anciens professeurs de l'Université, assis sur un banc et que ce banc, ainsi que plusieurs autres, était projeté en avant d'un mouvement rapide. Laissant de côté les associations d'idées qui m'ont amené à conclure, je crois pouvoir affirmer qu'il y a ici combinaison de la salle de cours et du trottoir roulant. Dans un autre rêve, je me vois assis sur la banquette d'un compartiment de chemin de fer, tenant mon chapeau sur mes genoux. C'est un chapeau haut de forme en verre transparent. Cette situation me fait penser tout d'abord au proverbe : « En mettant chapeau bas, on arrive à tout en ce monde. » Quant au cylindre de verre, il m'amène sans trop de détours à penser au bec Auer et de là à mon compatriote, le docteur Auer de Welsbach ; je me dis que je ne serais pas fâché de faire comme lui une découverte qui me rendît riche et indépendant... Je voyagerais alors, au lieu de rester à Vienne. Dans le rêve, je voyage avec ma découverte, ce chapeau de verre, d'une utilité encore discutable.

Il n'est pas rare non plus que le travail de rêve se plaise à former une image composite avec deux idées contradictoires ; par exemple, ce rêve d'une jeune femme qui se voit porteuse d'une tige fleurie, celle de l'ange dans les tableaux de l'Annonciation (symbole d'innocence : cette jeune femme se nomme Marie). Seulement, la tige porte des fleurs blanches et lourdes qui ressemblent à celles du camélia (contraire de l'innocence : dame aux camélias).

Une grande partie de nos découvertes sur le travail de condensation dans le rêve peut se résumer comme il suit : *C'est le matériel latent du rêve qui détermine le contenu manifeste presque dans ses moindres détails ; chacun de ces détails ne dérive pas d'une idée isolée, mais de plusieurs idées empruntées à ce fonds et qui ne sont pas nécessairement en relation entre elles. Elles peuvent appartenir aux domaines les plus différents des idées latentes. Chaque détail du rêve est à proprement parler la représen-*

tation dans le contenu du rêve d'un tel groupe d'idées disparates.

Mais l'analyse nous découvre encore une autre particularité de ces échanges compliqués entre contenu de rêve et idées latentes. À côté de ces fils divergents qui partent de chacun des détails du rêve, il en existe d'autres qui partent des idées latentes et vont en divergeant vers le contenu du rêve, de manière qu'une seule idée latente peut être représentée par plusieurs détails, et qu'entre le contenu manifeste du rêve et son contenu latent il se forme un réseau complexe de fils entrecroisés.

La condensation nous semble un élément important et tout à fait caractéristique du travail de rêve, au même titre que la transformation de l'idée en situation (la « dramatisation ») ; mais quel est le motif qui rend cette compression nécessaire ? il nous a été impossible jusqu'à présent de le découvrir.

---

1. Jeu de mots intraduisible en français. Le mot allemand *Kosten* se traduit par le verbe « goûter » et par le substantif « frais ».

CHAPITRE CINQ

Dans les rêves compliqués et embrouillés dont nous nous occupons maintenant, la dissemblance que l'on remarque entre le contenu manifeste du rêve et son contenu latent ne peut pas être attribuée uniquement à la nécessité de condenser et de dramatiser. Certains indices, qu'il est intéressant de relever, témoignent de l'existence d'un troisième facteur.

Remarquons tout d'abord que quand nous sommes arrivés par l'analyse à connaître les idées latentes, elles nous paraissent de tout autre nature que le contenu manifeste du rêve ; mais ce n'est là qu'une première impression qui se dissipera après examen, car nous trouvons pour finir que tout le contenu du rêve est expliqué par les idées latentes, et que la plupart des idées latentes ont leur représentation dans le contenu manifeste. Toutefois, une différence subsiste : ce que le rêve développait amplement comme pour en faire l'essentiel de son contenu, c'est cela justement qui, après l'analyse et dans les idées latentes, va jouer un rôle tout à fait secondaire ; et au contraire, l'allusion à peine perceptible, celle qui surgissait à demi des régions les plus ténébreuses du rêve, c'est elle qui parmi les idées latentes va revendiquer le premier rôle. Ce processus, nous pouvons le décrire comme il suit :

> *Pendant que le travail de rêve s'accomplit, l'intensité psychique des idées et des représentations qui en font l'objet se transporte sur d'autres, sur celles précisément que nous ne nous attendions pas du tout à voir ainsi accentuées.*

C'est ce transport de l'accent psychique qui contribue le plus à obscurcir le sens du rêve et à rendre méconnaissables les relations entre le rêve manifeste et le rêve latent.

Au cours de ce processus, que j'appellerai déplacement dans le rêve, je vois aussi l'intensité psychique ou affective de l'idée latente se transformer en agitation matérielle ; et alors que je serais tenté de prendre pour essentiel ce qui est le plus clair, je m'aperçois que c'est au contraire dans un détail obscur qu'il faut voir le substitut de l'idée essentielle du rêve.

Ce que je nomme déplacement du rêve, je pourrais le nommer aussi bien renversement des valeurs. Au surplus, le phénomène vaut que nous nous y arrêtions. J'ajouterai donc que les analyses que j'ai faites de différents rêves, j'ai rencontré tous les degrés du déplacement et du renversement. Il y a des rêves où ils ne se produisent presque pas ; ce sont les rêves raisonnables et intelligibles comme ceux que j'ai cités au début et qui ne sont que des désirs ouvertement exprimés. Dans d'autres rêves au contraire on ne trouve pas un seul élément qui ait gardé sa vraie valeur ; tout ce qu'il y avait d'essentiel dans les idées latentes y est représenté par des détails accessoires et l'on découvre entre ceux-ci et celles-là une importante chaîne d'associations. Plus le rêve est obscur et embrouillé et plus il faut tenir compte, pour l'interpréter, du processus de transposition.

Dans le rêve que nous avons soumis à l'analyse, le déplacement s'est fait de telle sorte que le contenu manifeste du rêve est accentué en un tout autre point que son contenu latent. Au premier plan du rêve nous avons une situation, celle de la femme qui semble vouloir me faire des avances ; dans les idées latentes, l'accent porte sur le souhait que je forme d'un amour désintéressé, d'un amour « qui ne coûte rien », et cette idée se dissimule derrière la phrase sur les « beaux yeux » et l'allusion fournie par les « épinards ».

L'analyse du rêve, en nous permettant de rétablir la perspective originelle, nous met sur la voie de la meilleure solution à deux problèmes très discutés, celui de l'incitation au rêve et celui des relations entre le rêve et la vie de veille. Il y a des rêves où se trahit une attache directe avec les événements du jour précédent ; d'autres, où les événements semblent ne jouer aucun rôle. Appelant alors l'analyse à notre secours, nous nous apercevons que tous les rêves sans exception ont leur racine dans une impression reçue la veille, ou, disons mieux, pendant la journée qui a précédé le rêve. Cette impression, qui peut être appelée incitation au rêve, est quelquefois assez forte pour qu'il n'y ait rien d'étonnement à ce qu'elle nous ait préoccupés pendant l'état de veille ; et dans ce cas, nous disons avec raison que le rêve de la nuit ne fait que continuer les préoccupations du jour. Mais le plus souvent, quand le contenu du rêve offre un rappel des impressions du jour, ce n'est qu'un détail si petit, si insignifiant, que nous devons faire effort pour nous le remettre en mémoire ; et dans ce cas, le contenu du rêve, même s'il est cohérent et compréhensible, nous semble fait de telles bagatelles, qu'il n'est pas étonnant que l'on tienne communément pour méprisables toutes les manifestations de ce genre.

L'analyse toutefois vient infirmer ce jugement en découvrant ce qui se cache sous les apparences. Une circonstance insignifiante, si elle se trouve placée au premier plan, pourra passer tout d'abord pour l'incitation au rêve ; mais par le moyen de l'analyse nous découvrirons bientôt la véritable cause du rêve, la circonstance assez importante pour le susciter et à laquelle l'autre s'est substituée parce qu'elles avaient entre elles de nombreux points de contact. Quand le contenu du rêve se présente sous une forme dépourvue de sens et d'intérêt, l'analyse découvre les chemins de traverse par où ces éléments sans valeur en rejoignent d'autres qui sont de première importance pour la psychologie du sujet. C'est au travail de déplacement qu'est due cette substitution, dans le contenu du rêve, de l'incident banal au fait émouvant, des matériaux quelconques à ceux qui peuvent justement intéresser. En nous basant sur ce nouvel acquis, nous pourrons, il me semble, donner un commencement de solution au double problème de l'incitation au rêve et des relations entre le rêve et la vie quotidienne, et nous dirons : *Les choses qui ne nous sont pas matière à intérêt pendant le jour, ne deviennent pas matière à intérêt pour le rêve ; et les vétilles qui ne nous touchent pas dans l'état de veille, il est impossible qu'elles nous poursuivent dans notre sommeil.*

Dans l'exemple que nous avons proposé à l'analyse, quelle peut être l'incitation au rêve ? C'est ce fait, franchement insignifiant, d'un ami qui m'offre une course gratuite en voiture. La situation du rêve, la table d'hôte, est une allusion à ce fait insignifiant, puisqu'en causant avec l'ami en question j'avais mis en parallèle le taximètre et la table d'hôte. Le fait essentiel qui se cache ici, c'est que j'avais, quelques jours plus tôt, dépensé une assez grosse somme pour une personne de ma famille à laquelle je suis attaché ; et parmi les idées latentes, je trouve cette réflexion, que la personne obligée me témoignera de la reconnaissance, mais que ses sentiments à mon égard se seront pas désintéressés. Dans le contenu latent du rêve, c'est l'amour désintéressé qui se trouve au premier plan. J'avais à plusieurs reprises accompagné cette personne en voiture, et c'est ainsi que la course faite la veille avec u ami me remet en mémoire celles que j'ai faites moins récemment. L'incident banal que devient incitation au rêve par des raccords de ce genre est soumis à une condition qui n'existe pas pour la vraie source du rêve : il doit nécessairement s'être produit la veille.

Je n'abandonnerai pas ce thème du déplacement en rêve sans signaler un exemple où il est intéressant de voir la condensation et la transposition concourir ensemble à produire une image de rêve. Nous avons déjà exposé le cas où deux idées de rêve qui ont un seul point de contact se fusionnent pour introduire dans le contenu manifeste du rêve une image mixte, une image dont le noyau central intelligible correspondra au détail commun, tandis que les détails particuliers aux deux idées ne seront plus représentés dans le rêve que par des accessoires confus. S'il s'ajoute, à ce travail de condensation, un travail de déplacement, il n'en résultera plus une image mixte, mais une image médiane que je puis comparer, en fonction des deux idées primitives, qu'à la résultante du parallélogramme des forces en fonction de ses composantes.

Dans un de mes rêves, par exemple, il s'agit d'une injection de propylène. Je ne trouve tout d'abord à l'analyse, en fait d'incitation au rêve, qu'une circonstance insignifiante où l'amylène joue un rôle. Ceci n'explique pas encore comment amylène est devenu propylène. Mais aux cycles d'idées de ce même rêve appartient aussi le souvenir de ma première visite à Munich, où je fus frappé par la vue des Propylées. Les autres circonstances de l'analyse nous autorisent à admettre que c'est l'influence de ce second cycle sur le premier qui a amené la transformation d'amylène en propylène. Propylène est pour ainsi dire la représentation médiane d'amylène et de Propylées, et c'est par une sorte de compromis qu'il s'est introduit dans le rêve à cause de l'action simultanée de la condensation et du déplacement.

C'est, nous semble-t-il, l'énigme du travail de déplacement, ou plutôt des motifs qui rendent ce travail nécessaire, qu'il importerait tout d'abord de résoudre.

CHAPITRE SIX

On peut, en y regardant bien, trouver encore, dans le travail du rêve, un autre phénomène moins actif que le phénomène du déplacement mais qui contribue, lui aussi, à transformer les idées latentes de manière à les rendre méconnaissables. Quand nous sommes arrivés par l'analyse à identifier quelques-unes de ces idées, il est rare que nous ne soyons pas surpris tout d'abord de leur singulier déguisement. Elles ne se présentent pas à nous sous la forme verbale, aussi sobre que possible, dont nous avons coutume de revêtir nos pensées, mais elles trouvent le plus souvent un moyen d'expression symbolique, celui du poète qui accumule dans son œuvre les comparaisons et les métaphores. Le motif d'un emploi aussi exclusif des images n'est en somme pas difficile à comprendre ; le contenu manifeste du rêve n'étant formé que de situations concrètes, il faut nécessairement que pour s'y introduire les idées latentes subissent un travestissement qui les rende utilisables pour la représentation. Si l'on songe aux phrases d'un article de journal ou à celles d'un plaidoyer en cour d'assises, et qu'on s'imagine la possibilité de les remplacer par une série d'images visuelles, on aura une idée des transformations que le travail de rêve doit faire subir aux idées latentes pour qu'elles deviennent susceptibles d'une présentation concrète.

Dans le fonds psychique qui alimente ces idées il se rencontre fréquemment des souvenirs de choses vécues impressionnantes, dont l'origine remonte à la petite enfance. Elles fournissent au rêve une situation qui se présente toujours sous la forme concrète, et elles exercent sur la formation du rêve une influence active, servant de noyau de cristallisation autour duquel vient se ranger et se grouper le reste du matériel. De sorte que presque toutes les situations que nous offrent nos rêves ne sont autre chose que des copies, considérablement revues et augmentées, de quelques-uns de ces souvenirs impressionnants. Il est très rare au contraire que le rêve nous donne une reproduction exacte et sincère d'une scène de la vie de veille.

Toutefois, le contenu manifeste du rêve comporte autre chose que des situations. Il s'y ajoute des images visuelles fragmentées et incohérentes, des conversations, parfois un bout de phrase stéréotypé. Il y aurait sans doute avantage à ce que nous passions rapidement en revue toutes ces formes d'expression qui sont les moyens employés par le travail de rêve pour réduire le groupe des idées latentes à la seule forme adéquate au rêve.

Les idées latentes découvertes par l'analyse nous apparaissent comme un complexe psychique d'une architecture infiniment confuse, dont les éléments ont entre eux les rapports les plus divers ; ils sont au premier plan ou à l'arrière-plan ; ils forment des conditions, des digressions, des explications, des justifications et des exigences. Presque toujours, à côté d'une association d'idées, il s'en trouve une autre qui la contredit ; et ce matériel présente en somme les mêmes caractères que notre pensée à l'état de veille. Pour que tout cela devienne un rêve, il faut d'abord que le matériel de rêve soit soumis à une pression qui aura pour résultat d'abord la condensation de ce matériel, et puis l'émiettement de ses éléments internes. Ces éléments, ainsi fragmentés à l'infini, vont se reconstituer sur de nouveaux plans ; enfin, le travail de sélection viendra éliminer tout ce qui, dans ce nouveau matériel de rêve, sera jugé impropre à la représentation concrète. Eu égard aux origines de ce matériel, tout le processus que nous venons de décrire peut être considéré comme une régression. Les liens logiques qui rattachaient entre elles les idées latentes disparaissent complètement dès que le rêve manifeste est constitué, le travail de rêve ne s'exerçant en somme que sur le contenu utilisable des idées latentes. C'est à l'analyse à rétablir après coup les enchaînements et les relations logiques de ces idées.

Remarquons ici à quel point les moyens d'expression du rêve sont limités, comparés à ceux de la pensée à l'état de veille. Toutefois, le rêve ne renonce pas, d'une manière générale, à reproduire les rapports logiques entre ses matériaux ; il parvient assez souvent à se les assimiler ; mais, pour cela, il est nécessaire qu'il les remplace par les pièces qui lui semblent le mieux adaptées à ses engrenages particuliers. On dirait même que le rêve, en présence de tous ces fragments d'idées étalés, s'efforce de satisfaire aux exigences impérieuses de la logique. Pour cela, il englobe tous ses matériaux en une seule situation, et reproduit un groupement logique au moyen d'un rapprochement dans le temps et dans l'espace ; à peu près comme fait le peintre qui représente des poètes groupés sur le Parnasse, tout en sachant très bien que ses modèles ne sont jamais rencontrés au sommet d'une montagne et que son tableau est purement symbolique.

La même méthode de figuration existe dans le détail du rêve. Quand celui-ci juxtapose deux éléments, cela veut dire qu'il y a une relation intime entre les idées latentes que ces éléments représentent. Il est à remarquer ici que tous les rêves d'une même nuit, soumis à l'analyse, se ramènent invariablement à un seul cycle de pensées.

Le lien causal entre deux idées peut être ou bien supprimé, ou bien remplacé par la juxtaposition de deux longs fragments hétérogènes. Ces fragments sont souvent intervertis, c'est-à-dire que le premier représente la conclusion et le second l'hypothèse. Toute transformation immédiate d'une chose en une autre représente dans le rêve, croyons-nous, la relation de cause à effet.

Nous avons dit plus haut que le rêve n'admet pas l'alternative et que, quand deux hypothèses se présentent, il les fait entrer toutes les deux dans la même association d'idées. En d'autres termes, la conjonction « ou » dans le contenu latent du rêve se trouve remplacée dans le contenu manifeste par la conjonction « et ».

Les représentations contradictoires s'expriment presque toujours dans le rêve par un seul et même élément [1]. Il semble que le « non » y soit inconnu. L'opposition entre deux idées, leur antagonisme, s'exprime dans le rêve d'une façon tout à fait caractéristique : un autre élément s'y transforme comme après coup en son contraire. Nous verrons plus loin par quel autre procédé le rêve peut encore exprimer la contradiction. Disons aussi que la sensation si fréquente d'une impossibilité à se mouvoir, marque qu'il y a chez le dormeur deux impulsions en sens inverse qui produisent un conflit de la volonté.

Il y a aussi un certain nombre de relations qui semblent plus utiles que les autres au mécanisme de la formation du rêve, ce sont les associations par ressemblance, par contrat et par correspondance. Le rêve s'en sert pour étayer son travail de condensation, et, de tous les éléments plus ou moins concordants, il fait une seule et nouvelle unité.

Il va sans dire que cet énoncé trop bref de quelques remarques élémentaires ne suffit pas à donner une idée du nombre infini de moyens dont le rêve dispose pour représenter les relations logiques de ses éléments. Chaque rêve en particulier fait à ce point de vue son travail spécial, qui est tantôt minutieux, tantôt grossier, qui tantôt s'en écarte davantage. Dans ce dernier cas, il utilise dans une plus large mesure les procédés que nous venons d'indiquer et c'est alors que le rêve nous paraît le plus obscur, confus et incohérent. Mais il est à remarquer que quand le contenu manifeste est par trop absurde, quand il renferme une contradiction par trop flagrante, ce n'est jamais sans une intention cachée, et souvent, sous cet apparent mépris des règles de la logique, nous découvrons une indication quant au contenu intellectuel des idées de rêve. Une absurdité dans le contenu manifeste du rêve correspond, dans son contenu latent, à un sentiment de contradiction, de haine ou de mépris. Comme cette interprétation nous fournit le meilleur argument contre la théorie qui voudrait attribuer le rêve à une activité intellectuelle réduite et incohérente, il est nécessaire de l'appuyer ici par un exemple :

Je rêve qu'un jeune homme de ma connaissance, M.H., a été violemment pris à partie, dans une polémique, par un adversaire qui n'est rien moins que le grand Goethe. Les attaques, de notre avis à tous, sont aussi injustes que violentes. M.H., à la suite de cet incident, se voit perdu de réputation. Il s'en plaint amèrement à table d'hôte. Toutefois, son enthousiasme pour Goethe n'a subi de ce fait aucune atteinte. Je cherche de mon côté à éclaircir certains points de chronologie qui me paraissent invraisemblables. Goethe est mort en 1832. Sa polémique avec M.H. a eu lieu à une époque antérieure... mais, à cette époque, H. était un tout jeune homme. En y réfléchissant, il me paraît plausible d'admettre qu'il avait dix-huit ans. Mais je ne sais pas exactement en quelle année nous sommes ; et le reste de mon calcul se perd dans l'ombre. Au surplus, toute cette polémique se trouve dans l'ouvrage célèbre de Goethe : Nature.

L'absurdité de ce rêve ressort plus clairement encore si l'on réfléchit que H. est un homme d'affaires très jeune et qui ne se soucie pas le moins du monde de poésie et de littérature. Nous allons maintenant en développer le contenu par l'analyse et montrer toute la logique qui se cache derrière cette absurdité.

1. M.H., dont j'ai fait la connaissance *à table d'hôte*, me pria un jour d'examiner son frère ainé qui donnait des signes de dérangement mental. Tandis que je causais avec le malade je fus péniblement surpris de l'entendre faire, sans aucune provocation de ma part, une allusion aux *écarts de jeunesse* de son frère. Je l'avais interrogé sur *la date de sa naissance (date mortuaire*, dans le rêve), et, pour me rendre compte de certains troubles de mémoire, je l'avais amené à faire devant moi quelques calculs.

2. Une revue médicale dont j'étais membre avait publié, sous le nom d'un *très jeune* collaborateur, une *violente critique* du livre d'un de mes amis, F. de Berlin. Je demandai raison de la chose au rédacteur et celui-ci, tout en exprimant ses regrets, refusa toute espèce de rectification. Là-dessus, je rompis mes relations avec le journal, mais dans ma lettre de congé j'exprimais l'espoir que *nos relations personnelles ne souffriraient pas de cet incident*. Ici est la véritable source du rêve. Le mauvais accueil fait au livre de mon ami m'avait peiné d'autant plus que ce livre renferme une découverte biologique que je considère comme essentielle et que les confrères - après tant d'années -commencent aujourd'hui à apprécier.

3. Une cliente m'avait fait peu de temps auparavant le récit de la maladie de son frère, saisi d'un accès de délire furieux qui avait débuté par le cri : « *Nature, Nature !* » De l'avis des médecins, ce cri était inspiré par la lecture d'un ouvrage de *Goethe* et prouvait bien que le malade s'était surmené dans ses études. Quant à moi, il me parut plausible

d'admettre que ce cri : « Nature » devait être pris dans le sens sexuel que tout le monde connaît chez nous, les ignorants aussi bien que les savants ; et l'événement ne m'a donné tort, puisque ce malheureux plus tard, mutila ses organes génitaux. Il avait *dix-huit ans* quand la crise se produisit.

Dans le contenu manifeste de ce rêve, ce qui se cache sous le « moi » c'est la personne de cet ami si maltraité par la critique. Je cherche à éclaircir certains points de chronologie. Le livre de mon ami traite précieusement, à un point de vue biologique, de certaines circonstances de temps ; et il ramène entre autres choses la durée de la vie de Goethe à un nombre déterminé de périodes. Le rêve assimile ce « moi » à un paralytique général : « *Je ne sais pas en quelle année nous sommes.* » C'est donc, dans le rêve, mon ami qui est le fou. Ici, on touche du doigt l'absurdité. Dans les idées latentes du rêve, nous trouvons cette apostrophe ironique : « C'est lui, maintenant, qui est le détraqué, le fou... et vous le critiquez, vous, les hommes de génie ! Ne serait-ce pas plutôt l'inverse ? » Ce *retournement* va être repris par le rêve, qui nous montrera Goethe prenant à partie un jeune homme - situation absurde - alors que l'inverse, un adolescent faisant la critique du grand Goethe, peut parfaitement se produire de nos jours.

Le rêve, tel que je l'ai observé, ne s'inspire jamais que de sentiments personnels ; et dans le rêve ci-dessus, c'est ma personnalité, bien avant celle de mon ami, qui se trouve représentée par le « moi ». Si je me suis identifié avec cet ami, c'est que le sort de sa découverte symbolise à mes yeux la réussite de ma propre théorie. Quand j'exposerai celle-ci, qui dénonce la sexualité comme origine de tous les troubles psychopathiques (voir mon diagnostic du malade de dix-huit ans : « nature, nature... ») nul doute que je ne rencontre les mêmes critiques, auxquelles, dès aujourd'hui, j'oppose le même sentiment d'ironie.

En poursuivant l'analyse de ce rêve, nous constatons que

les absurdités qui s'y rencontrent ont à leur origine un sentiment de raillerie ou de mépris. On sait que c'est à Venise, en ramassant sur le Lido les débris d'un crâne de mouton, que *Goethe* a conçu sa théorie des vertèbres crâniennes. Or, mon ami se fait gloire d'avoir, étant étudiant, organisé un chahut pour obtenir la mise à la pension d'un vieux professeur autrefois brillant (précisément dans cette branche de l'anatomie comparée) mais qui devenait, par le fait de la sénilité, incapable d'enseigner. L'agitation provoquée par mon ami pouvait seule remédier à cet état de choses, car dans les universités allemandes, où l'on oublie que l'âge n'est pas une garantie contre l'imbécilité, il n'y a pas de limite d'âge dans l'enseignement universitaire. Dans l'hôpital de cette ville, j'ai eu l'honneur de travailler, des années durant, sous la direction d'un chef qui était fossile depuis longtemps et devenait, de l'avis de tous, parfaitement imbécile, sans qu'on songeât pour cela à lui retirer aucune de ses responsabilités. Une relation s'impose entre ce détail et la découverte du Lido. Mes jeunes collègues de l'hôpital composèrent un jour, à propos de ce chef, une parodie de l'œuvre de Gassenhauer, alors à la mode : « Ce n'est pas Goethe qui écrit comme ça… Ils ne sont pas de Schiller, ces vers-là », etc.

---

1. Des linguistes notoires ont affirmé que dans les plus anciennes langues humaines, des notions contraires, comme « fort-faible », « dedans-dehors », n'ont pour s'exprimer qu'un seul mot. Les mots primitifs sont à double sens.

CHAPITRE SEPT

Nous n'avons pas fini d'examiner le travail du rêve. Il faut que nous ajoutions à la condensation, au déplacement et à la représentation concrète du matériel psychique une autre activité encore. Celle-ci ne contribue pas nécessairement à toute formation de rêve, et sans vouloir la traiter en détail, disons que pour se l'imaginer avec quelque précision il faut admettre l'hypothèse - probablement inexacte - d'une activité qui agirait après coup sur le contenu du rêve, et seulement quand les diverses parties de celui-ci auraient pris leur forme symbolique. Le travail du rêve consisterait alors à disposer ces symboles pour en faire un ensemble cohérent, une représentation bien ordonnée. Le rêve acquiert ainsi une sorte de façade, insuffisante en vérité et qui n'en masque pas également toutes les parties ; mais, moyennant quelques raccords, quelques légères modifications il reçoit une interprétation provisoire et tout à fait approximative. En somme, nous ne trouvons là qu'un brillant travestissement des idées latentes. Quand nous entreprenons une analyse, notre premier soin doit être de réagir contre cette interprétation trop spirituelle.

Qu'est-ce donc qui motive cette dernière partie du travail,

cette révision finale du contenu du rêve ? Il est aisé de voir qu'elle a uniquement pour but de rendre le rêve intelligible, et nous comprenons aussi par là de quelle nature est cette activité. Elle agit sur le contenu de rêve qui lui est présenté, de la même manière que notre activité psychique normale sur tous les objets de perception ; elle les saisit au moyen des notions préalables qu'elle possède, elle les ordonne selon leurs plus grandes chances d'intelligibilité, et ainsi elle court risque de les fausser ; car si l'objet de perception ne peut s'assimiler à aucun autre objet connu, son interprétation donnera lieu aux plus singulières erreurs. Chacun sait que nous sommes incapables de considérer une série de signes étrangers ou de mots inconnus sans qu'ils nous fassent penser tout d'abord aux termes connus qui leur ressemblent le plus et auxquels nous serons tentés de les assimiler.

Les rêves qui ont été retravaillés de la sorte par une activité psychique analogue à notre pensée à l'état de veille sont des rêves « bien composés ». Il en est d'autres sur lesquels cette activité ne s'est pas exercée ; aucune tentative n'a été faite pour y mettre de l'ordre et du sens, et quand nous nous réveillons nous jugeons parfaitement incohérentes les images qui nous sont restées dans la mémoire. Mais, au point de vue de l'analyse, ce tas de matériaux hétéroclites a tout autant de valeur qu'un rêve superficiellement ordonné ; peut-être même le premier cas nous épargnera-t-il la peine de défaire tout d'abord une ordonnance provisoire.

On se tromperait toutefois si l'on ne voulait voir dans cette première façade du rêve qu'une méprise ou un caprice de notre activité psychique consciente. Il a fallu au contraire pour l'édifier un certain nombre de désirs, de rêveries comme il s'en trouve dans les pensées latentes du rêve et qui sont de même nature que celles que nous connaissons à l'état de veille et dénommons à juste titre « rêves éveillés ». Ces rêveries, que l'analyse décèle dans le rêve nocturne, s'y montrent à nous sous forme de scènes infantiles plus ou moins remaniées et transformées ; c'est la façade du rêve, et l'on voit comment, dans la plupart des cas, nous pouvons y toucher immédiatement son noyau essentiel, qui n'a été que déguisé par l'apport d'autres matériaux.

Les quatre formes d'activités que nous venons d'indiquer composent à elles seules le travail du rêve. Nous pouvons donc définir ce dernier en disant qu'il n'est que le transfert des idées latentes en contenu manifeste. Il s'ensuit que le travail du rêve n'est jamais créateur, qu'il n'imagine rien qui lui soit propre, qu'il ne juge pas, ne conclut pas. Son action consiste à condenser, déplacer, et remanier, en vue d'une représentation sensorielle, tous les matériaux du rêve ; il s'y ajoute, en dernier lieu, le travail accessoire d'ordonnance que nous venons d'indiquer.

On rencontre en vérité dans le contenu du rêve bon nombre d'éléments que l'on serait tenté de prendre pour le résultat d'une activité purement intellectuelle. Mais l'analyse est là, pour nous démontrer que *ces opérations de l'esprit étaient accomplies déjà dans les pensées latentes du rêve, et que celui-ci n'a fait que les reproduire telles quelles*. Une déduction logique, si elle se rencontre dans le rêve, n'est autre chose que la reproduction verbale de la logique des idées de rêve ; elle semble irréprochable quand elle passe sans altération dans le contenu du rêve, mais elle devient absurde quand, par le travail du rêve, elle est transférée sur d'autres matériaux. De même, la présence d'un calcul d'arithmétique dans le contenu du rêve veut dire simplement qu'il se trouvait un calcul semblable parmi les idées latentes ; et là, il était exact ; mais quand nous le retrouvons ensuite dans le rêve manifeste, par suite de la condensation de ses facteurs et du transfert de ses opérations sur d'autres matériaux, il donne les résultats les plus extravagants. Les discours mêmes que nous rencontrons dans le contenu du rêve ne sont jamais des discours originaux, ce sont des mosaïques où l'on retrouve toutes sortes de fragments empruntés à des discours que le dormeur peut avoir prononcés, entendus ou lus ; la mémoire a conservé ces fragments, le rêve les reproduit littéralement, mais il a oublié leur sujet et en transforme le sens de la façon la plus surprenante.

Peut-être ne serait-il pas inutile d'appuyer ces dernières règles de quelques exemples.

I. Voici le rêve d'une de mes malades ; c'est un rêve bien ordonné et, à première vue, parfaitement inoffensif.

Cette dame va au marché en compagnie de sa cuisinière, qui porte le panier. Elle fait sa commande au boucher, celui-ci répond : « Cela ne se trouve plus », et veut lui donner un autre morceau qui, dit-il, est de même qualité ; mais elle refuse et se tourne vers la marchande de légumes. Cette femme lui offre un légume d'aspect singulier, noirâtre et lié par bottes. « Je ne veux pas voir cela, dit-elle, je n'en prendrai pas. »

La phrase : « *Cela ne se trouve plus* » a son origine dans ma consultation. J'avais dit moi-même à la malade, quelques jours auparavant, que les souvenirs de la toute première enfance *ne se retrouvent plus* comme tels, mais qu'on les rencontre encore transposés, dans les rêves. C'est donc moi que le boucher représente ici.

La seconde phrase : « *Je ne veux pas voir cela* », appartient à une autre association d'idées. Cette dame avait grondé la veille sa cuisinière, la même qui joue un rôle dans le rêve, et lui avait dit : « Conduisez-vous convenablement ; *je ne veux pas voir cela...* », c'est-à-dire : je n'autorise pas, je ne veux pas voir une pareille conduite. La partie la plus insignifiante de ce discours a subi un déplacement qui l'a fait apparaître dans le contenu du rêve. Dans les idées de rêve, l'autre partie seule jouait un rôle, car, voici ce qui s'est passé : le travail du rêve a transformé de manière à la rendre méconnaissable et parfaitement innocente une situation qui n'existait que dans l'imagination de la dormeuse et où je me *conduisais* envers cette dame *de façon en quelque sorte inconvenante*. Et cette situation imaginaire n'est à son tour que le décalque d'une situation où la malade s'est réellement trouvée à une époque très antérieure.

II. Voici un rêve très insignifiant en apparence, où nous voyons apparaître des chiffres :

Une personne rêve qu'elle veut effectuer un paiement quelconque ; sa fille lui prend la bourse des mains et en tire 3 florins 65 kreuzer. Alors elle lui dit : « Que fais-tu ? Cela ne coûte que 21 kreuzer ! »

Cette personne est étrangère. Elle a mis sa fille dans un institut de demoiselles à Vienne et compte se soumettre à mon traitement tant que l'enfant restera dans cette ville. La veille du rêve, la directrice du pensionnat lui a demandé si elle ne se déciderait pas à lui laisser sa fille un an de plus, ce qui prolongerait également d'un an son traitement chez moi. Pour trouver le sens des chiffres du rêve il faut se souvenir que « le temps c'est de l'argent ». Une année représente *365 jours*. Exprimé en kreuzer cela fait 365 kreuser, ou *3 florins 65 kreuzer*. Les 21 *kreuzer* correspondent aux 3 *semaines* qui séparaient encore à ce moment le jour du rêve de la fin des cours et de la fin du traitement chez moi. Il est visible que ce sont des considérations d'argent qui ont décidé cette dame à refuser la proposition de la directrice, et ce sont elles aussi qui déterminent le peu d'importance de la somme payée en rêve.

III. *Une jeune femme, mariée depuis plusieurs années, apprend qu'une de ses connaissances qui est à peu près de son âge, Mlle Élise L., vient de se fiancer. La nuit suivante, elle rêve qu'elle se trouve au théâtre avec son mari. À l'orchestre, bon nombre de places sont encore inoccupées. Le mari raconte qu'Élise L. et son fiancé avaient l'intention de venir, mais qu'il ne restait que des places à 1 florin 50 kreuzer les trois et qu'ils les ont jugées inacceptables. Elle répond que le malheur n'est pas grand.*

Ce qui nous intéresse ici c'est de savoir comment les chiffres tirent leur origine des idées latentes du rêve, et quelle transformation ils ont subie. D'où vient la somme 1 florin 50 kreuzer ? Elle vient d'une circonstance insignifiante de la veille : la belle-sœur de cette dame avait reçu de son mari un cadeau de 150 *florins* et s'était dépêchée de les dépenser pour s'acheter un bijou. Remarquons que 150 florins représentent cent fois plus que 1 florin 50 kreuzer. Pour le chiffre 3 qui accompagne le prix des billets de théâtre, nous ne trouvons qu'une seule association : la fiancée, Élise L., est de *trois* mois plus jeune que son amie. La situation du rêve reproduit une petite aventure qui a été plus d'une fois motif à taquineries entre les époux : la jeune femme s'était *dépêchée* de prendre à l'avance des billets de théâtre et avait fait son entrée dans la salle de spectacle quand tout un côté de l'orchestre était encore inoccupé. Il aurait donc été inutile de tant se dépêcher. Remarquons enfin que ce rêve renferme une absurdité : le fait de deux personnes prenant trois cartes d'entrée pour le théâtre !

Les idées latentes du rêve sont évidemment celles-ci : « Ai-je été sotte de me marier si jeune ! Quel besoin ai-je eu de tant me dépêcher ? Je vois bien par l'exemple d'Élise que j'aurais toujours fini par trouver un mari, je n'avais qu'à attendre, j'en aurais trouvé un cent fois meilleur (mari, ou bijou). Pour cet argent (la dot) j'aurais pu m'en acheter trois ! »

CHAPITRE HUIT

Après l'exposé que nous venons de faire des procédés de travail du rêve, on pourrait être tenté de regarder ce travail comme un processus psychique spécial auquel rien, à notre connaissance, ne pourrait être comparé ; et peut-être éveillera-t-il en nous un peu de l'étonnement superstitieux que son produit, le rêve lui-même, a de tous temps éveillé.

En réalité, le travail du rêve n'est que le premier et le mieux étudié d'une série de processus psychiques, ceux, notamment, auxquels se ramène la production des symptômes hystériques, angoisses, obsessions, démences, etc. Tous ces processus présentent également les caractères de la condensation et du déplacement, de ce dernier surtout ; tandis que le remaniement en vue d'une représentation sensorielle demeure spécial au travail du rêve.

Si donc le processus du rêve est le même que celui qui donne lieu aux images morbides, il n'en sera que plus intéressant de déterminer les conditions dans lesquelles il se produit. Nous ne serons pas médiocrement surpris d'apprendre qu'il peut exister sans le concours du sommeil et sans celui de la maladie, et que bon nombre de phénomènes qui appartiennent à la vie quotidienne des sujets normaux, oublis, lapsus de parole et de conduite, sont forgés par le même mécanisme psychique que le rêve et que tous les symptômes morbides désignés ci-dessus.

Le nœud du problème réside dans le processus du déplacement, celui, nous semble-t-il, qui mérite entre tous le plus d'attention. Pour connaître la condition essentielle du déplacement, il est indispensable que l'on aborde le problème d'un point de vue purement psychologique ; on verra alors que ce phénomène se produit uniquement sous l'empire de la *nécessité*, et pour le comprendre il importera de s'attacher à certaines difficultés auxquelles échappera difficilement celui qui étudie les rêves.

Quand, au début de ce travail, j'ai donné un de mes rêves en exemple d'analyse, j'ai dû interrompre l'inventaire de mes idées latentes parce qu'il s'en trouvait parmi elles que je préférais garder secrètes, que je ne pouvais pas communiquer sans manquer gravement à certaines convenances. J'ai ajouté qu'il ne servirait à rien de remplacer cette analyse par une autre, car, quel que soit le rêve choisi, fût-il le plus obscur de tous et le plus embrouillé, je me heurtais en fin de compte à des pensées latentes que je ne pourrais révéler sans indiscrétion. Toutefois, quand, après avoir écarté les témoins de ces débats intimes, j'ai poursuivi l'analyse à part moi, j'ai rencontré des pensées qui m'ont profondément étonné. Je ne me les connaissais pas ; elles me semblaient non seulement *étrangères*, mais *pénibles* ; je les repoussais de toutes mes forces et cependant je sentais qu'elles m'étaient imposées par la logique inflexible des idées latentes. Je ne puis m'expliquer cet état de choses que d'une manière, en admettant que ces pensées ont réellement existé en moi, qu'elles y possédaient une certaine intensité ou énergie psychique, mais qu'elles se trouvaient à mon égard dans une situation psychologique spéciale qui m'empêchait d'en prendre conscience. Cette situation spéciale, je la dénomme *état de refoulement*. Je reconnais alors qu'entre l'obscurité du rêve manifeste et l'état de refoulement des idées latentes - autrement dit, la répugnance que j'éprouve à prendre conscience de ces idées -, il existe une relation de cause à effet ; et j'en conclus que si le rêve est obscur, c'est par nécessité et pour ne pas trahir certaines idées latentes *que ma conscience désapprouve*. Ainsi s'explique le travail de déformation qui est pour le rêve comme un véritable *déguisement*.

Il serait assez intéressant, dans le rêve que j'ai proposé à l'analyse, de chercher laquelle d'entre mes pensées se présente sous un déguisement par crainte d'exciter trop vivement ma réprobation, si elle se montrait sans voiles. Je sais que la course dont j'ai parlé, cette course gratuite en voiture, m'en a rappelé d'autres plus coûteuses en compagnie d'une personne de ma famille, et que la signification du rêve semblait être : « Je voudrais connaître un amour désintéressé » Or, peu de temps avant de faire ce rêve j'avais dépensé une forte somme d'argent pour la personne en question. Devant cette association d'idées, je suis contraint de m'avouer que *je regrette d'avoir fait cette dépense*. Ce n'est que par l'aveu d'un pareil sentiment que j'arriverai à comprendre ce que signifie, dans mon rêve, le désir d'*un amour qui n'occasionne pas de dépense*. Pourtant, je puis le dire en toute sincérité, je n'ai pas hésité un instant à dépenser cette somme ; le regret que j'en éprouve fait partie d'un courant qui n'a pas effleuré ma conscience. Pourquoi ne l'a-t-il pas fait ? Ceci est une autre question, qui nous mènerait trop loin. La réponse que j'y pourrais faire appartient à une autre association d'idées.

Si j'analyse, au lieu d'un rêve qui m'est propre, le rêve d'une personne étrangère, j'arriverai à des constatations semblables ; seuls, mes moyens de contrôle seront quelque peu différents. Si le rêve à développer est celui d'un sujet normal, c'est en lui démontrant l'enchaînement des pensées du rêve que je l'amènerai à reconnaître ses idées refoulées ; et encore sera-t-il toujours libre de les nier. Mais s'il s'agit d'un malade nerveux, d'un hystérique par exemple, il faudra, pour l'amener à la reconnaissance des idées refoulées, lui montrer la relation qui existe entre celles-ci et les symptômes de sa maladie et insister sur ce point que son état s'est amélioré dès que les idées refoulées se sont substituées aux symptômes.

Prenons l'exemple de cette jeune femme qui m'a raconté le rêve des trois billets de théâtre pour 1 florin 50 kreuzer. L'analyse de ses idées latentes montre qu'elle ne fait aucun cas de son mari, qu'elle aimerait mieux ne l'avoir pas épousé, qu'elle le verrait sans regret remplacé par un autre. Il est vrai qu'elle prétend l'aimer ; elle n'admet pas que le mépris où elle le tient (« un autre pourrait être cent fois meilleur ! ») porte la moindre atteinte à sa vie sentimentale ; pourtant, tous ses symptômes conduisent à la même solution que ce rêve ; et il suffit qu'on réveille en elle les souvenirs refoulés d'une époque à laquelle elle était parfaitement consciente de ne pas aimer son mari pour qu'aussitôt les symptômes soient résolus, et que la malade cesse de protester contre mon interprétation.

CHAPITRE NEUF

La notion du refoulement étant établie, de même que les relations qui existent entre la déformation du rêve et le matériel psychique refoulé, il nous devient possible de résumer d'une façon générale les principales conclusions que nous avons tirées de nos recherches.

Nous savons que les rêves intelligents et raisonnables sont la réalisation non déguisée d'un désir ; en d'autres termes, que le désir dont ils nous montrent la réalisation concrète est un désir reconnu par la conscience, insatisfait dans la vie quotidienne, mais parfaitement digne d'intérêt. L'analyse des rêves confus et inintelligibles nous enseigne quelque chose d'analogue : le fondement de ces rêves est aussi un désir réalisé, désir que les idées latentes nous révèlent d'autre part ; seulement, la représentation en est obscure ; pour l'éclaircir il faut avoir recours à l'analyse et celle-ci nous montrera tantôt un désir refoulé et inconscient, tantôt un désir intimement uni à des pensées refoulées et pour ainsi dire porté par celles-ci. Nous pouvons caractériser ces rêves en disant qu'*ils sont les réalisations voilées de désirs refoulés*. Remarquons en outre, ce qui est assez intéressant, que la sagesse populaire a raison quand elle prétend que les rêves prédisent l'avenir. C'est bien en réalité l'avenir que le rêve nous montre, non pas tel qu'il se réalisera, mais tel que nous souhaitons le voir réalisé ; et l'âme populaire fait en cela ce qu'elle a coutume de faire ailleurs : elle croit ce qu'elle désire.

Les rêves, au point de vue des réalisations de désirs, peuvent se diviser en trois catégories : Nous avons en premier lieu le rêve qui représente sans déguisement un désir non refoulé. C'est le rêve du type infantile, il devient de plus en plus rare à mesure que l'enfant avance en âge. En second lieu nous avons le rêve qui représente, déguisé, un désir refoulé. La majorité de nos rêves relèvent de ce type et c'est pourquoi ils ne peuvent être compris sans analyse. Enfin vient le rêve qui exprime un désir refoulé mais *ne le déguise pas* ou *le déguise trop peu*. Ce dernier rêve, est toujours accompagné d'une sensation d'angoisse qui le force à s'interrompre et qui semble bien être l'équivalent du travail de travestissement puisque dans les rêves de la deuxième catégorie, c'est grâce à ce travail que l'angoisse a été épargnée au dormeur. Il serait facile de démontrer que la situation de rêve qui cause l'angoisse n'est autre chose qu'un ancien désir non réalisé et depuis longtemps refoulé.

Parmi les rêves intelligibles il s'en trouve dont le contenu est pénible et qui pourtant n'éveillent chez le dormeur aucun sentiment d'angoisse. On ne peut pas les mettre au rang des rêves d'angoisse, et ils servent d'argument à ceux qui veulent dénier toute signification et toute valeur aux manifestations du rêve. Il nous suffira d'un exemple pour montrer que ces rêves ne sont autre chose que des *réalisations voilées de désirs refoulés*, et appartiennent nettement à la deuxième catégorie. Nous y verrons aussi avec quel art ingénieux le travail de déplacement s'emploie à déguiser le désir.

Une jeune fille rêve que le second enfant de sa sœur vient de mourir et qu'elle se trouve devant le cercueil exactement comme elle s'est trouvée, quelques années auparavant, devant celui du premier-né de la même famille. Ce spectacle ne lui inspire pas le moindre chagrin.

La jeune fille se refuse naturellement à voir interpréter son rêve dans le sens d'un désir secret. Telle n'est pas non plus notre interprétation. Mais il y a ceci qu'auprès du cercueil du premier enfant elle s'est rencontrée avec l'homme qu'elle aime; elle lui a parlé; depuis ce moment, elle ne l'a plus jamais revu. Nul doute que, si le second enfant mourait, elle ne rencontrât de nouveau cet homme dans la maison de sa sœur. Elle se révolte contre cette hypothèse, mais elle en souhaite ardemment la conséquence, la rencontre de l'homme aimé. Et le jour qui a précédé le rêve elle avait pris une carte d'entrée pour une conférence où elle espérait le voir. Le rêve est donc un simple rêve d'impatience, comme il s'en produit avant un voyage, avant une soirée au théâtre, dans l'attente de n'importe quel plaisir. Mais il faut dissimuler à la jeune fille son propre désir; alors, à l'un des aspects de la situation, il s'en substitue un autre, aussi impropre que possible à inspirer la joie qui persiste. Remarquons encore que l'élément affectif du rêve ne s'adapte qu'à son contenu latent, à celui qui a été refoulé; et cette idée latente étant celle d'une rencontre ardemment souhaitée, elle ne peut pas s'associer à un sentiment de tristesse.

CHAPITRE DIX

Puisque les philosophes jusqu'ici n'ont pas eu l'occasion de s'occuper d'une philosophie du refoulement, nous croyons nécessaire, dans ce premier contact avec le mystérieux problème de la formation du rêve, d'en tenter une exposition aussi claire que possible. Nous nous sommes aidé, pour notre schéma, d'autres études que de celle du rêve, - et s'il peut paraître d'abord un peu compliqué, il nous a semblé d'autre part qu'aucune de ces complications n'était superflue.

Nous admettons que, dans notre appareil psychique, il existe deux fonctions créatrices de pensée. La seconde de ces fonctions possède ce privilège, que tous ses produits deviennent immédiatement part de la conscience ; tandis que l'activité de la première reste inconsciente ou bien n'atteint la conscience que par l'intermédiaire de la seconde.

À la limite de séparation entre ces deux fonctions, au point même où la première rejoint la seconde, il existe une censure qui ne laisse passer que ce qui lui est agréable, et rejette le reste. Les produits rejetés par la censure se trouvent alors, pour employer notre propre expression, en état de refoulement.

Mais dans certaines conditions, pendant le sommeil, qui amène une sorte de relâchement de la censure, les activités réciproques des deux fonctions ne sont plus les mêmes ; les produits refoulés ne peuvent plus être rejetés entièrement, et réussissent à se frayer un chemin jusqu'à la conscience. Toutefois, comme la censure peut bien être affaiblie, mais qu'elle n'est jamais abolie, il faut, pour être admis dans la conscience, que les objets refoulés soient déguisés de telle sorte qu'ils perdent leur caractère rebutant ; et ce qui pénètre alors dans la conscience c'est un compromis entre les tendances de la première fonction et les scrupules de la seconde.

Remarquons ici, abstraction faite des images du rêve, que le refoulement, le relâchement de la censure et l'acceptation d'un compromis sont précisément au fond de tout processus concourant à la formation d'une image psychopathique ; et qu'à la formation de ce compromis concourent précisément les processus de condensation, de déplacement, voire d'ordonnance provisoire et superficielle que nous avons étudiés dans le travail du rêve.

Nous ne cherchons pas à dissimuler qu'une sorte de démonologie intervient largement dans l'exposé ci-dessus. Il nous a semblé en effet que le processus de formation du rêve obscur ressemble à l'effort que ferait un subordonné pour glisser subrepticement une parole qu'il saurait devoir déplaire à son chef. Nous sommes parti de cette comparaison pour établir le processus du travestissement du rêve et celui de la censure, et nous nous sommes efforcé de traduire notre impression par une théorie psychologique encore fruste, mais aussi claire que possible. Nous espérons qu'un examen plus approfondi du sujet permettra d'identifier les deux fonctions que nous avons qualifiées de « première » et de « seconde », et de découvrir des corrélations qui confirment ce que nous avons établi *a priori :* l'antagonisme de deux fonctions dont l'une garde l'entrée de la conscience et peut en exclure l'autre.

Quand l'état de sommeil est vaincu, la censure reprend ses droits, et fait table rase de tout ce qui lui a été imposé pendant sa période d'impuissance. Ce qui confirme notre hypothèse, c'est la rapidité avec laquelle le rêve s'efface de la mémoire, et aussi une expérience qu'il m'est arrivé de faire fréquemment : Pendant que nous racontons un de nos rêves ou que nous le soumettons à l'analyse, il se peut qu'un détail que nous avions complètement oublié surgisse à l'improviste ; et presque toujours, ce détail arraché à l'oubli représente la voie la plus courte et la plus sûre pour pénétrer le sens latent du rêve. C'est précisément pour cela qu'il aurait dû succomber à l'oubli, qui représente l'effort suprême de la censure.

CHAPITRE ONZE

Si nous admettons que le contenu du rêve représente un désir réalisé, et si l'obscurité de son contenu est l'œuvre de la censure qui modifie et travestit les matériaux refoulés, il nous devient aisé de déterminer la fonction du rêve. À l'inverse de ce qui est admis par l'opinion courante qui veut voir dans le rêve le perturbateur du sommeil, nous arrivons à cette singulière conclusion que le rêve sert au sommeil de gardien. Le rêve enfantin nous fournira ici la meilleure démonstration.

L'état de sommeil, ou passage psychique de veille au sommeil, est amené chez l'enfant par une sensation de fatigue à laquelle vient se joindre certaine contrainte extérieure ; car, pour lui faciliter ce passage, on écarte de lui toutes les excitations qui pourraient détourner son esprit de l'idée du sommeil. On sait comment écarter les excitations du dehors, mais comment pourrions-nous réduire au silence tous ces désirs qui occupent l'âme de l'enfant et le tiennent éveillé ? Voyez une mère qui cherche à endormir son enfant : celui-ci ne cesse pas de réclamer soit un baiser, soit un jouet, mais on ne contente ses désirs qu'en partie, ou en remet, d'autorité, la réalisation au lendemain. Il est clair que tous ces mouvements qui agitent l'enfant sont des obstacles à son sommeil. Qui ne connaît la joyeuse histoire du méchant garçon qui, s'éveillant la nuit, se met à hurler pour faire venir le rhinocéros ? Un enfant sage, au lieu de hurler, aurait rêvé qu'il voyait le rhinocéros et jouait avec lui. Le rêve, qui montre à l'enfant son désir réalisé, trouvé crédit auprès de lui pendant son sommeil ; le désir étant satisfait le sommeil continue. Il va sans dire que si l'enfant ajoute foi à son image de rêve, c'est que celle-ci revêt les formes de la vraisemblance manque encore de la faculté qu'il aura acquise plus tard de discerner son imagination et ses hallucinations d'avec la réalité.

L'adulte, lui, a appris à faire cette distinction. Il a compris de même qu'il est inutile de former des souhaits et sait par expérience qu'il vaut mieux contenir ses ambitions jusqu'au moment où, par des voies détournées et grâce à des circonstances plus favorables, il leur sera permis de se satisfaire. Il en résulte que dans le sommeil de l'adulte les réalisations directes de désirs se présentent rarement, peut-être même jamais, et que le rêve adulte qui nous paraît être du type infantile se révèle à l'examen comme un problème infiniment compliqué. C'est pourquoi, chez l'adulte - chez tout adulte normal sans exception - il se produit une différenciation des matériaux psychiques qui n'existe pas chez l'enfant. Une fonction se réalise en lui, fonction qui s'alimente de l'expérience de la vie et exerce jalousement sur tous ses mouvements d'âme une influence de répression et d'inhibition. Par ses rapports avec la conscience et avec l'activité volontaire, cette fonction est investie d'un pouvoir considérable sur toute la vie psychique de l'adulte ; or, elle condamne comme impropres et superflues beaucoup de tendances infantiles, mettant ainsi en état de refoulement toutes les manières de penser et de sentir qui dérivent de ces tendances.

Mais dès le moment que cette fonction, dans laquelle nous reconnaissons notre moi normal, cède à la nécessité du sommeil, nous le voyons forcé par les conditions psychophysiologiques où se produit celui-ci de relâcher sa surveillance et d'opposer une énergie très réduite à l'intrusion des matériaux refoulés. Ce relâchement en soi importe peu, il n'y a aurait pas grand mal à ce que les tendances infantiles refoulées se donnassent momentanément carrière. Seulement, tant que durera le sommeil, elles ne trouveront d'issue ni dans la pensée consciente ni dans l'activité motrice ; elles ne peuvent donc que devenir un danger pour le sommeil, et c'est à ce danger qu'il s'agit de parer. Il nous faut admettre ici qu'aux heures mêmes où nous sommes profondément endormis une certaine somme d'attention libre reste disponible ; elle fait office de veilleur pour le cas où il y aurait intérêt pour nous à interrompre notre somme ; comment expliquer sans cela que – comme le fait observer le vénérable physiologiste Burdach — chacun de nous pendant son sommeil reste sensible à certaines excitations sensorielles qui le touchent spécialement : la mère au vagissement de son enfant, le meunier à un arrêt du bruit de son moulin, et tous les hommes en général à l'appel de leur nom ? Cette attention toujours en éveil se tourne aussi vers les excitations internes produites par les désirs refoulés, et, de celles-ci, elle fait le rêve, c'est-à-dire, comme nous l'avons dit plus haut, un compromis qui satisfait à la fois deux tendances. Le rêve est en quelque sorte le décharge psychique d'un désir en état de refoulement, puisqu'il présente ce désir comme réalisé ; et il satisfait du même coup l'autre tendance en permettant au dormeur de poursuivre son somme. Notre « moi » se conduit en cela comme un enfant, il aime mieux croire aux images du rêve : « Oui, oui », semble-t-il dire, « tu as raison, mais laisse-moi dormir. » Le jugement méprisant que nous portons à l'état de veille sur le rêve, sur son incohérence et son manque de logique, c'est le même sans doute que porte notre « moi » endormi sur les produits du refoulement ; mépris d'autant mieux fondé, que ces perturbateurs du sommeil n'arrivent pas à nous mettre en mouvement. Nous en restons conscients pendant notre sommeil même, car quand les images du rêve s'affranchissent par trop de la censure nous pensons : « Bah ! Ce n'est qu'un rêve ! » et nous continuons à dormir.

On nous objectera qu'il y a des cas, par exemple celui du rêve d'angoisse, où le rêve est impuissant à préserver le sommeil. Mais il faut en conclure simplement que le rêve est investi de deux fonctions dont la seconde est d'interrompre le sommeil quand il le faut. Il est comparable en cela au veilleur de nuit consciencieux, dont le devoir est tout d'abord de faire taire les bruits qui pourraient éveiller la population ; mais qui n'hésite pas à remplir le devoir opposé et à mettre tout le monde sur pied quand les bruits deviennent inquiétants et qu'à lui tout seul il n'en peut plus venir à bout.

Cette seconde fonction du rêve nous devient surtout claire quand nous considérons, sur une personne endormie, l'effet des excitations sensorielles. On sait que les excitations venues du dehors influencent généralement le contenu du rêve ; la preuve expérimentale en a été faite ; elle appartient à ce petit nombre de recherches que les médecins ont pratiquées sur le rêve, et auxquelles on a, malheureusement, attaché une importance exagérée. Ici encore, nous nous trouvons en présence d'une énigme : la personne endormie, soumise par l'expérimentateur à une excitation quelconque, ne reconnaît pas en rêve cette excitation, elle ne fait que la traduire, l'interpréter... et comment se détermine son choix entre tant de formes possibles d'interprétation ? Ce choix ne peut que nous sembler arbitraire, et nous savons d'autre part que l'arbitraire psychique n'existe pas.

Le dormeur, en effet, a plusieurs moyens de réagir contre toute excitation sensorielle venue du dehors. Il peut s'éveiller, il peut aussi parvenir à prolonger son sommeil, et dans ce dernier cas, il y parvient encore par les moyens les plus variés. S'il rêve, par exemple, qu'il se trouve dans une situation incompatible avec le trouble extérieur, il parviendra à vaincre celui-ci ; c'est la situation du dormeur qui, souffrant d'un abcès douloureux au périnée, rêva qu'il montait à cheval ; le cataplasme destiné à lui alléger la douleur devint la selle de sa monture, et, de cette façon, il continua à dormir. On peut aussi, ce qui est le cas le plus fréquent, faire entrer l'excitation perçue en rêve dans une association d'images appartenant à un désir refoulé qui veut se réaliser. L'excitation perd aussitôt sa réalité et s'incorpore au matériel psychique du dormeur. C'est ainsi qu'il arrive à un de mes amis de rêver qu'il récite une comédie, réalisation d'une idée qui lui est chère. On est au théâtre, le premier acte se déroule avec succès, un tonnerre d'applaudissement éclate… Et ici, le dormeur doit avoir réussi à prolonger son sommeil, car quand il s'éveilla il n'entendit plus le moindre bruit et supposa, ce qui se montra vrai par la suite, qu'on avait battu des tapis dans le voisinage. Tous les rêves qui se manifestent immédiatement avant le réveil par un vacarme quelconque ne sont que des efforts pour nier le bruit perturbateur, lui donner une autre interprétation et gagner encore quelques instants de repos.

CHAPITRE DOUZE

Si l'on admet les exigences de la censure comme cause principale de la déformation du rêve, on ne verra rien d'étonnant au fait que presque tous les rêves des adultes se ramènent à l'analyse à des désirs érotiques. Nous ne parlons pas ici des rêves communément décrits sous le nom de « rêves sexuels », et qui présentent des images érotiques dépouillées de voiles ; tous ceux qui ont rêvé les connaissent ; ils ne laissent pas d'être toujours assez surprenants, soit par le choix des personnes dont ils font des objets de désir, soit par l'abolition de toutes les barrières que l'individu éveillé a soin d'opposer à ses exigences sexuelles, soit enfin par certains détails bizarres qui semblent toucher à la perversion. Ce que l'analyse nous apprend, c'est que beaucoup d'autres rêves qui ne semblent pas à première vue renfermer des préoccupations érotiques se réduisent par le travail d'interprétation, à une réalisation du désir sexuel ; et d'autre part, que tels matériaux de notre pensée consciente qui semblent avoir passé dans le rêve de la nuit comme « reliquats de la journée » n'y sont admis que pour tenir le rôle de figurants dans la représentation des désirs érotiques refoulés.

Pour expliquer un état de choses dont on ne voit pas la

nécessité théorique, rappelons qu'il n'est pas de tendances qui aient été mieux refoulées et combattus en nous par la morale et la civilisation, que les tendances sexuelles ; et de plus, que ces tendances, chez la plupart des hommes, savent parfaitement se dérober à la tyrannie des fonctions psychiques d'un ordre plus élevé. L'étude que nous avons faite ailleurs de la sexualité infantile, de ses manifestations obscures et généralement incomprises, nous autorise à dire que chez presque tous les individus civilisés, l'évolution infantile de la vie sexuelle s'est arrêtée en un point ; par conséquent, les désirs sexuels refoulés chez l'enfant deviendront plus tard les ressorts multiples et puissants de la formation des rêves adultes [1].

Pour que le rêve, qui est une manifestation de désirs érotiques, n'offre dans son contenu manifeste aucune trace de sexualité, une préparation secrète est indispensable. Les matériaux des images sexuelles ne pouvant se présenter tels quels seront remplacés dans le contenu du rêve par des signes, des allusions ou toute autre forme d'expression indirecte ; seulement, à l'inverse de ce qu'on demande généralement à ces formules, celles du rêve doivent avant tout n'être pas immédiatement intelligibles. Ainsi s'explique le fait bien connu de la représentation symbolique des idées de rêve, fait d'autant plus remarquable, que l'on sait aujourd'hui que tous les songeurs de même langue se servent des mêmes symboles ; j'ajouterai même que, dans certains cas, la communauté des symboles s'étend au-delà de la communauté des langues. Comme le songeur ignore lui-même le sens des symboles qu'il emploie, la question de l'origine de ces symboles et des rapports qu'ils peuvent avoir avec leur objet reste entièrement obscure ; mais le fait en soi est certain, et ce fait semble de toute première importance pour la technique de l'interprétation du rêve. Il est clair que, pour qui connaît à fond cette symbolique, le sens du rêve, de tous ses détails et de certains de ses fragments, devient des plus faciles à comprendre sans qu'il soit nécessaire de faire subir au dormeur un interrogatoire sur ses pensées de rêve. Nous nous rapprochons ici de l'idéal populaire d'une part et, d'autre part, de la méthode chère aux peuples primitifs chez qui les images du rêve s'interprétaient uniquement par des symboles.

Bien que les spécialistes de la symbolique du rêve soient encore loin de conclure, nous pouvons déjà tenir pour acquises quelques données générales et un certain nombre de remarques particulières.

Il est des symboles à interprétation unique ; ainsi *Empereur et Impératrice, Roi et reine*, signifient *Père et Mère*. *Chambre* signifie *Femme*[2] et les portes d'entrée et de sortie représentent les ouvertures naturelles du corps. Les symboles employés par le rêve servent le plus souvent à recouvrir des personnes, des parties du corps ou des actes qui intéressent la sexualité ; les organes génitaux en particulier utilisent une collection de symboles bizarres, et les objets les plus variés entrent dans la composition de ces symboles. Or, nous admettons que des armes pointues, des objets longs et rigides, troncs d'arbres ou cannes, représentent, l'organe masculin, tandis que les armoires, boîtes, voitures, poêles, remplacent dans le rêve l'organe féminin, parce que le motif de cette substitution est facile à comprendre ; mais tous les symboles de rêve ne renferment pas des allusions aussi transparentes, et quand on nous dit que la cravate est l'organe masculin, le bois le corps féminin, et que le mouvement ascendant, l'escalier, représente les relations sexuelles, nous demandons à réfléchir, tant que la preuve de l'authenticité de ces symboles n'a pas été faite d'autre part. Ajoutons ici que la plupart des symboles de rêve sont bisexuels et peuvent, selon les circonstances, être rapportés aux organes des deux sexes.

Certains symboles sont d'un usage général et se rencontrent chez tous les songeurs de même langue et de même formation intellectuelle. D'autres, d'un usage limité, sont créés par l'individu au fur et à mesure de ses besoins. Il faut distinguer parmi les premiers ceux qui sont destinés tout naturellement, par l'usage qu'on en fait dans la langue courante, à représenter les choses sexuelles ; ceux, par exemple, qui ont trait à la culture : semence, fécondation, etc. Et, en second lieu, ceux dont le rapport avec les choses sexuelles semble dater des époques primitives et n'a pu naître que dans notre inconscient le plus obscur. De toute façon et quelle qu'en soit la nature, cette force créatrice de symboles n'est pas encore éteinte de nos jours : il est à remarquer que certaines découvertes récentes, comme celle du ballon, ont été utilisées immédiatement à ce point de vue et sont passées au rang des symboles sexuels.

On ferait erreur toutefois si l'on s'imaginait que grâce à une connaissance plus approfondie de la symbolique du rêve (la Clef des Songes) nous pourrons un jour éviter de questionner le dormeur sur ses pensées de l'état de veille, et revenir aux procédés primitifs de l'Interprétation. Car, outre qu'il existe des symboles individuels et, dans l'emploi des symboles généraux, des fluctuations sans nombre, il est impossible de savoir a *priori* si le contenu manifeste du rêve doit être pris au sens symbolique ou au sens propre. Ce que l'on sait avec certitude, c'est que les matériaux ne sont pas tous des symboles. La connaissance des symboles peut nous aider, dans une large mesure, à travers ce qui reste obscur dans le contenu manifeste du rêve, mais elle ne rend pas inutile l'emploi du procédé énoncé plus haut ; tout au plus nous servira-t-elle de moyen d'investigation dans le cas où les idées de rêve seraient nulles ou insuffisantes.

La symbolique du rêve nous paraît également indispensable à l'analyse des rêves dits « typiques », communs à tous les hommes, et des rêves individuels dits « périodiques ». Si nous n'avons fait qu'effectuer ici cette intéressante question de l'expression symbolique du rêve, c'est que précisément par son importance, cette question dépasse le cadre de notre travail ; elle nous conduit bien au-delà du domaine du rêve dans celui de l'imagination populaire ; nous y verrons le symbole à l'origine des contes ; des mythes et des légendes, dans l'esprit comique et dans le folklore ; c'est par lui que nous découvrirons des rapports intimes entre le rêve et ces diverses productions ; mais nous savons qu'il n'est pas créé par le travail du rêve, qu'il n'est autre chose que la forme d'expression de notre pensée inconsciente et que c'est lui qui fournit à ce travail les matériaux à condenser, à déplacer et à dramatiser [3].

---

1. Cf. l'ouvrage de l'auteur : *Trois essais sur la théorie de la sexualité*, 1905, quatrième édition, 1920.
2. Jeu de mots intraduisible : femme se dit *Frau* ou *Frauenzimmer* ; Zimmer signifie chambre.
3. En ce qui concerne la symbolique du rêve, on pourra consulter, outre les anciens travaux sur l'interprétation des songes (Artemidore de Daldis, Scherner, *La Vie du rêve*, 1861), l'Ouvrage de l'auteur : *L'Interprétation du rêve*, ainsi que les travaux mythologiques de l'école psycho-analytique et les travaux de W. Stechel (*La langue du rêve*, 1911).

CHAPITRE TREIZE

Nous sommes loin certes d'avoir indiqué tous les problèmes qui se posent au sujet du rêve, ou même d'avoir résolu complètement ceux que nous soulevons ici. Les lecteurs que la question intéresse d'une façon générale nous les renvoyons au livre de *Sancte de Sanctis : I sogni*, Turin, 1899. Ceux qui cherchent un exposé plus complet de ma théorie personnelle du rêve le trouveront dans mon ouvrage : *Die Traumdeutung*, Leipzig et Vienne, 1900 [1]. Disons encore dans quelle direction il nous paraît désirable que l'on poursuive les études sur le rêve.

En établissant, comme nous venons de le faire, qu'interpréter un rêve consiste à remplacer son contenu manifeste par ses idées latentes, en d'autres termes, à défaire la trame qui a été ourdie par le travail de rêve, je pose, d'une part, une série de nouveaux problèmes psychologiques concernant ce travail, concernant aussi la nature et la formation de ce que j'ai appelé le refoulement ; et d'autre part, j'affirme l'existence des idées latentes au rêve, c'est-à-dire de matériaux abondants pouvant donner naissance à des formations psychologiques de premier ordre, semblables en tout aux productions normales de l'intelligence mais qui ne peuvent se manifester à la conscience que sous le travestissement du rêve. Ces idées latentes existent chez tous les hommes, puisque tous, et même les plus normaux, sont sujets à rêver. C'est à leurs relations avec la conscience et avec le refoulement que se rattachent les questions ultérieures, de première importance en psychologie, mais dont il faut ajourner la solution au moment où, par l'analyse, on sera parvenu à éclaircir l'origine de quelques autres formations psychopathiques telles que les symptômes hystériques et les obsessions.

fin

---

1. Paru en 1921 en sixième édition.

HENRI BERGSON : LE RÊVE

LE RÊVE

par
Henri Bergson
Conférence faite à l'Institut général Psychologique
le 26 mars 1901

Le sujet que l'Institut psychologique a bien voulu m'inviter à traiter devant vous est si complexe, il soulève tant de problèmes, les uns psychologiques, les autres physiologiques et même métaphysiques, il appellerait de si longs développements - et nous avons si peu de temps - que je vous demande la permission de supprimer tout préambule, d'écarter l'accessoire, de me placer d'emblée au cœur de la question.

Voici donc un rêve. Je vois toute sorte d'objets défiler devant moi ; aucun d'eux n'existe effectivement. Je crois aller et venir, traverser une série d'aventures, alors que je suis couché dans mon lit, bien tranquillement. Je m'écoute parler et j'entends qu'on me répond ; pourtant je suis seul et je ne dis rien. D'où vient l'illusion ? Pourquoi perçoit-on, comme si elles étaient réellement présentes, des personnes et des choses ?

Mais d'abord, n'y a-t-il rien du tout ? Une certaine matière sensible n'est-elle pas offerte à la vue, à l'ouïe, au toucher, etc., dans le sommeil comme dans la veille ?

Fermons les yeux et voyons ce qui va se passer. Beaucoup de personnes diront qu'il ne se passe rien : c'est qu'elles ne regardent pas attentivement. En réalité, on aperçoit beaucoup de choses. D'abord un fond noir. Puis des taches de diverses couleurs, quelquefois ternes, quelquefois aussi d'un éclat singulier. Ces taches se dilatent et se contractent, changent de forme et de nuance, empiètent les unes sur les autres. Le changement peut être lent et graduel. Il s'accomplit aussi parfois avec une extrême rapidité. D'où vient cette fantasmagorie ? Les physiologistes et les psychologues ont parlé de « poussière lumineuse », de « spectres oculaires », de « phosphènes » ; ils attribuent d'ailleurs ces apparences aux modifications légères qui se produisent sans cesse dans la circulation rétinienne, ou bien encore à la pression que la paupière fermée exerce sur le globe oculaire, excitant mécaniquement le nerf optique. Mais peu importe l'explication du phénomène et le nom qu'on lui donne. Il se rencontre chez tout le monde, et il fournit, sans aucun doute, l'étoffe où nous taillons beaucoup de nos rêves.

Déjà Alfred Maury et, vers la même époque, le marquis d'Hervey de Saint-Denis avaient remarqué que ces taches colorées aux formes mouvantes peuvent se consolider au moment où l'on s'assoupit, dessinant ainsi les contours des objets qui vont composer le rêve. Mais l'observation était un peu sujette à caution, car elle émanait de psychologues à moitié endormis. Un philosophe américain, G. T. Ladd, professeur à Yale University, a imaginé depuis lors une méthode plus rigoureuse, mais d'une application difficile, parce qu'elle exige une espèce de dressage. Elle consiste à garder les yeux fermés quand on se réveille, et à retenir pendant quelques instants le rêve qui va s'envoler — s'envoler du champ de la vision et bientôt aussi, sans doute, de celui de la mémoire. Alors on voit les objets du rêve se dissoudre en phosphènes, et se confondre avec les taches colorées que l'œil apercevait réellement quand il avait les paupières closes. On lisait par exemple un journal : voilà le rêve. On se réveille, et du journal dont les lignes s'estompent il reste une tache blanche avec de vagues raies noires : voilà la réalité. Ou bien encore le rêve nous promenait en pleine mer ; à perte de vue, l'océan développait ses vagues grises couronnées d'une blanche écume. Au réveil, tout vient se perdre dans une grande tache d'un gris pâle parsemée de points brillants. La tache était là, les points brillants aussi. Il y avait donc bien, offerte à notre perception pendant notre Sommeil, une poussière visuelle, et cette poussière a servi à la fabrication du rêve.

Sert-elle toute seule ? Pour ne parler encore que du sens de la vue, disons qu'à côté des sensations visuelles dont la source est interne il en est qui ont une cause extérieure. Les paupières ont beau être closes, l'œil distingue encore la lumière de l'ombre et reconnaît même, jusqu'à un certain point, la nature de la lumière. Or, les sensations provoquées par une lumière réelle sont à l'origine de beaucoup de nos rêves. Une bougie qu'on allume brusquement fera surgir chez le dormeur, si son sommeil n'est pas trop profond, un ensemble de visions que dominera l'idée d'incendie. Tissié en cite deux exemples : « B... rêve que le théâtre d'Alexandrie est en feu ; la flamme éclaire tout un quartier. Tout à coup il se trouve transporté au milieu du bassin de la place des Consuls ; une rampe de feu court le long des chaînes qui relient les grosses bornes placées autour du bassin. Puis il se retrouve à Paris à l'Exposition qui est en feu.... il assiste à des scènes déchirantes, etc. Il se réveille en sursaut. Ses yeux recevaient le faisceau de lumière projeté par la lanterne sourde que la sœur de ronde tournait vers son lit en passant. - M... rêve qu'il s'est engagé dans l'infanterie de marine, où il a servi jadis. Il va à Fort-de-France, à Toulon, à Lorient, en Crimée, à Constantinople. Il aperçoit des éclairs, il entend le tonnerre.... il assiste enfin à un combat dans lequel il voit le feu sortir des bouches de canon. Il se réveille en sursaut. Comme B..., il était réveillé par le jet de lumière projeté par la lanterne sourde de la sœur de ronde. » Tels sont les rêves que peut provoquer une lumière vive et inattendue.

Assez différents sont ceux que suggère une lumière continue et douce, comme celle de la lune. Krauss raconte qu'une nuit, en se réveillant, il s'aperçut qu'il tendait encore les bras vers ce qui avait été, dans son rêve, une jeune fille, vers ce qui n'était plus maintenant que la lune, dont il recevait en plein les rayons. Ce cas n'est pas le seul ; il semble que les rayons de la lune, caressant les yeux du dormeur, aient la vertu de faire surgir ainsi des apparitions virginales. Ne serait-ce pas ce qu'exprime la fable d'Endymion - le berger à jamais endormi, que la déesse Séléné (autrement dit, la Lune) aime d'un profond amour ?

L'oreille a aussi ses sensations intérieures - bourdonnement, tintement, sifflement - que nous distinguons mal pendant la veille et que le sommeil détache nettement. Nous continuons d'ailleurs, une fois endormis, à entendre certains bruits du dehors. Le craquement d'un meuble, le feu qui pétille, la pluie qui fouette la fenêtre, le vent qui joue sa gamme chromatique dans la cheminée, autant de sons qui frappent encore l'oreille et que le rêve convertit en conversation, cris, concert, etc. On frotte des ciseaux contre des pincettes aux oreilles d'Alfred Maury pendant qu'il dort : il rêve aussitôt qu'il entend le tocsin et qu'il assiste aux événements de juin 1848. Je pourrais citer d'autres exemples. Mais il s'en faut que les sons tiennent autant de place que les formes et les couleurs dans la plupart des songes. Les sensations visuelles prédominent ; souvent même nous ne faisons que voir, alors que nous croyons également entendre. Il nous arrive, selon la remarque de Max Simon, de soutenir en rêve toute une conversation et de nous apercevoir soudain que personne ne parle, que personne n'a parlé. C'était, entre notre interlocuteur et nous, un échange direct de pensées, un entretien silencieux. Phénomène étrange, et pourtant facile à expliquer. Pour que nous entendions des sons en rêve, il faut généralement qu'il y ait des bruits réels perçus. Avec rien le rêve ne fait rien ; et là où nous ne lui fournissons pas une matière sonore, il a de la peine à fabriquer de la sonorité.

Le toucher intervient d'ailleurs autant que l'ouïe. Un contact, une pression arrivent encore à la conscience pendant qu'on dort. Imprégnant de son influence les images qui occupent à ce moment le champ visuel, la sensation tactile pourra en modifier la forme et la signification. Supposons que se fasse tout à coup sentir le contact du corps avec la chemise ; le dormeur se rappellera qu'il est vêtu légèrement. Si justement il croyait se promener alors dans la rue, c'est dans ce très simple appareil qu'il s'offrira aux regards des passants. Ceux-ci n'en seront d'ailleurs pas choqués, car il est rare que les excentricités auxquelles nous nous livrons en songe paraissent émouvoir les spectateurs, si confus que nous en puissions être nous-mêmes. Je viens de citer un rêve bien connu. En voici un autre, que beaucoup d'entre vous ont dû faire. Il consiste à se sentir voler, planer, traverser l'espace sans toucher terre. En général, quand il s'est produit une fois, il tend à se reproduire, et à chaque nouvelle expérience on se dit : « J'ai souvent rêvé que j'évoluais au-dessus du sol, mais cette fois je suis bien éveillé. Je sais maintenant, et je vais montrer aux autres, qu'on peut s'affranchir des lois de la pesanteur. » Si vous vous réveillez brusquement, voici, je crois, ce que vous trouverez. Vous sentiez que vos pieds avaient perdu leurs points d'appui, puisque vous étiez en effet étendu. D'autre part, croyant ne pas dormir, vous n'aviez pas conscience d'être couché. Vous vous disiez donc que vous ne touchiez plus terre, encore que vous fussiez debout. C'est cette conviction que développait votre rêve. Remarquez, dans les cas où vous vous sentez voler, que vous croyez lancer votre corps sur le côté à droite ou à gauche, en l'enlevant d'un brusque mouvement du bras qui serait comme un coup d'aile. Or, ce côté est justement celui sur lequel vous êtes couché. Réveillez-vous, et vous trouverez que la sensation d'effort pour voler ne fait qu'un avec la sensation de pression du bras et du corps contre le lit. Celle-ci, détachée de sa cause, n'était plus qu'une vague sensation de fatigue, attribuable à un effort. Rattachée alors à la conviction que votre corps avait quitté le sol, elle s'est déterminée en sensation précise d'effort pour voler.

Il est intéressant de voir comment les sensations de pression, remontant jusqu'au champ visuel et profitant de la poussière lumineuse qui l'occupe, peuvent s'y transposer en formes et en couleurs. Max Simon rêva un jour qu'il était devant deux piles de pièces d'or, que ces piles étaient inégales et qu'il cherchait à les égaliser. Mais il n'y réussissait pas. Il en éprouvait un vif sentiment d'angoisse. Ce sentiment, grandissant d'instant en instant, finit par le réveiller. Il s'aperçut alors qu'une de ses jambes était retenue par les plis de la couverture, que ses deux pieds n'étaient pas au même niveau et cherchaient vainement à se rapprocher l'un de l'autre. Il était évidemment sorti de là une vague sensation d'inégalité, laquelle, faisant irruption dans le champ visuel et y rencontrant peut-être West l'hypothèse que je propose) une ou plusieurs taches jaunes, s'était exprimée visuellement par l'inégalité de deux piles de pièces d'or. Il y a donc, immanente aux sensations tactiles pendant le sommeil, une tendance à se visualiser, et à s'insérer sous cette forme dans le rêve.

Plus importantes encore sont les sensations de « toucher intérieur » émanant de tous les points de l'organisme, et plus particulièrement des viscères. Le sommeil peut leur donner, ou plutôt leur rendre, une finesse et une acuité singulières. Sans doute elles étaient là pendant la veille, mais nous en étions alors distraits par l'action, nous vivions extérieurement à nous-mêmes : le sommeil nous a fait rentrer en nous. Il arrive que des personnes sujettes aux laryngites, aux amygdalites, etc., se sentent reprises de leur affection au milieu d'un rêve et éprouvent alors du côté de la gorge des picotements désagréables. Simple illusion, se disent-elles au réveil. Hélas ! l'illusion devient bien vite réalité. On cite des maladies et des accidents graves, attaques d'épilepsie, affections cardiaques, etc., qui ont été ainsi prévues, prophétisées en songe. Ne nous étonnons donc pas si des philosophes comme Schopenhauer veulent que le rêve traduise à la conscience des ébranlements venus du système nerveux sympathique, si des psychologues tels que Scherner attribuent à chaque organe la puissance de provoquer des songes spécifiques qui le représenteraient symboliquement, et enfin si des médecins tels qu'Artigues ont écrit des traités sur « la valeur séméiologique » du rêve, sur la manière de le faire servir au diagnostic des maladies. Plus récemment, Tissié a montré comment les troubles de la digestion, de la respiration, de la circulation, se traduisent par des espèces déterminées de rêves.

Résumons ce qui précède. Dans le sommeil naturel, nos sens ne sont nullement fermés aux impressions extérieures. Sans doute ils n'ont plus la même précision; mais en revanche ils retrouvent beaucoup d'impressions « subjectives » qui passaient inaperçues pendant la veille, quand nous nous mouvions dans un monde extérieur commun à tous les hommes, et qui reparaissent dans le sommeil, parce que nous ne vivons plus alors que pour nous. On ne peut même pas dire que notre perception se rétrécisse quand nous dormons ; elle élargit plutôt, dans certaines directions au moins, son champ d'opération. Il est vrai qu'elle perd en tension ce qu'elle gagne en extension. Elle n'apporte guère que du diffus et du confus. Ce n'en est pas moins avec de la sensation réelle que nous fabriquons du rêve.

Comment le fabriquons-nous ? Les sensations qui nous servent de matière sont vagues et indéterminées. Prenons celles qui figurent au premier plan, les taches colorées qui évoluent devant nous quand nous avons les paupières closes. Voici des lignes noires sur un fond blanc. Elles pourront représenter un tapis, un échiquier, une page d'écriture, une foule d'autres choses encore. Qui choisira ? Quelle est la forme qui imprimera sa décision à l'indécision de la matière ? - Cette forme est le souvenir.

Remarquons d'abord que le rêve ne crée généralement rien. Sans doute on cite quelques exemples de travail artistique, littéraire ou scientifique, exécuté au cours d'un songe. Je ne rappellerai que le plus connu de tous. Un musicien du XVIIIe siècle, Tartini, s'acharnait à une composition, mais la muse se montrait rebelle. Il s'endormit ; et voici que le diable en personne apparut, s'empara du violon, joua la sonate désirée. Cette sonate, Tartini l'écrivit de mémoire à son réveil ; il nous l'a transmise sous le nom de Sonate du Diable. Mais nous ne pouvons rien tirer d'un récit aussi sommaire. Il faudrait savoir si Tartini n'achevait pas la sonate pendant qu'il cherchait à se la remémorer. L'imagination du dormeur qui s'éveillé ajoute parfois au rêve, le modifie rétroactivement, en bouche les trous, qui peuvent être considérables. J'ai cherché des observations plus approfondies, et surtout d'une authenticité plus certaine ; je n'en ai pas trouvé d'autre que celle du romancier anglais Stevenson. Dans un curieux essai intitulé *A chapter on dreams*, Stevenson nous apprend que ses contes les plus originaux ont été composés ou tout au moins esquissés en rêve. Mais lisez attentivement le chapitre : vous verrez que l'auteur a connu, pendant une certaine partie de sa vie, un état psychologique où il lui était difficile de savoir s'il dormait ou s'il veillait. Je crois, en effet, que lorsque l'esprit crée, lorsqu'il donne l'effort que réclame la composition d'une œuvre ou la solution d'un problème, il n'y a pas sommeil ; - du moins la partie de l'esprit qui travaille n'est-elle pas la même que celle qui rêve ; celle-là poursuit, dans le subconscient, une recherche qui reste sans influence sur le rêve et qui ne se manifeste qu'au réveil. Quant au rêve lui-même, il n'est guère qu'une résurrection du passé. Mais c'est un passé que nous pouvons ne pas reconnaître. Souvent il s'agit d'un détail oublié, d'un souvenir qui paraissait aboli et qui se dissimulait en réalité dans les profondeurs de la mémoire. Souvent aussi l'image évoquée est celle d'un objet ou d'un fait perçu distraitement, presque inconsciemment, pendant la veille. Surtout, il y a des fragments de souvenirs brisés que la mémoire ramasse çà et là, et qu'elle présente à la conscience du dormeur sous une forme incohérente. Devant cet assemblage dépourvu de sens, l'intelligence (qui continue à raisonner, quoi qu'on en ait dit) cherche une signification ; elle attribue l'incohérence à des lacunes qu'elle comble en évoquant d'autres souvenirs, lesquels, se présentant souvent dans le même désordre, appellent à leur tour une explication nouvelle, et ainsi de suite indéfiniment. Mais je n'insisterai pas là-dessus pour le moment. Qu'il me suffise de dire, pour répondre à la question posée tout à l'heure, que la puissance informatrice des matériaux transmis par les organes des sens, la puissance qui convertit en objets précis et déterminés les vagues impressions venues de l'œil, de l'oreille, de toute la surface et de tout l'intérieur du corps, c'est le souvenir.

Le souvenir ! À l'état de veille, nous avons bien des souvenirs qui paraissent et disparaissent, réclamant notre attention tour à tour. Mais ce sont des souvenirs qui se rattachent étroitement à notre situation et à notre action. Je me rappelle en ce moment le livre du marquis d'Hervey sur les rêves. C'est que je traite de la question du rêve et que je suis à l'Institut psychologique ; mon entourage et mon occupation, ce que je perçois et ce que je suis appelé à faire orientent dans une direction particulière l'activité de ma mémoire. Les souvenirs que nous évoquons pendant la veille, si étrangers qu'ils paraissent souvent à nos préoccupations du moment, s'y rattachent toujours par quelque côté. Quel est le rôle de la mémoire chez l'animal ? C'est de lui rappeler, en chaque circonstance, les conséquences avantageuses ou nuisibles qui ont pu suivre des antécédents analogues, et de le renseigner ainsi sur ce qu'il doit faire. Chez l'homme, la mémoire est moins prisonnière de l'action, je le reconnais, mais elle y adhère encore : nos souvenirs, à un moment donné, forment un tout solidaire, une pyramide, si vous voulez, dont le sommet sans cesse mouvant coïncide avec notre présent et s'enfonce avec lui dans l'avenir. Mais derrière les souvenirs qui viennent se poser ainsi sur notre occupation présente et se révéler au moyen d'elle, il y en a d'autres, des milliers et des milliers d'autres, en bas, au-dessous de la scène illuminée par la conscience. Oui, je crois que notre vie passée est là, conservée jusque dans ses moindres détails, et que nous n'oublions rien, et que tout ce que nous avons perçu, pensé, voulu depuis le premier éveil de notre conscience, persiste indéfiniment. Mais les souvenirs que ma mémoire conserve ainsi dans ses plus obscures profondeurs y sont à l'état de fantômes invisibles. Ils aspirent peut-être à la lumière ; ils n'essaient pourtant pas d'y remonter ; ils savent que c'est impossible, et que moi, être vivant et agissant, j'ai autre chose à faire que de m'occuper d'eux. Mais supposez qu'à un moment donné je me désintéresse de la situation présente, de l'action pressante, enfin de ce qui concentrait sur un seul point toutes les activités de la mémoire. Supposez, en d'autres termes, que je m'endorme. Alors ces souvenirs immobiles, sentant que je viens d'écarter l'obstacle, de soulever la trappe qui les maintenait dans le sous-sol de la conscience, se mettent en mouvement. Ils se lèvent, ils s'agitent, ils exécutent, dans la nuit de l'inconscient, une immense danse macabre. Et, tous ensemble, ils courent à la porte qui vient de s'entr'ouvrir. Ils voudraient bien passer tous. Ils ne le peuvent pas, ils sont trop. De cette multitude d'appelés, quels seront les élus ? Vous le devinez sans peine. Tout à l'heure, quand je veillais, les souvenirs admis étaient ceux qui pouvaient invoquer des rapports de parenté avec la situation présente, avec mes perceptions actuelles. Maintenant, ce sont des formes plus vagues qui se dessinent à mes yeux, ce sont des sons plus indécis qui impressionnent mon oreille, c'est un toucher plus indistinct qui est éparpillé à la surface de mon corps ; mais ce sont aussi des sensations plus nombreuses qui me viennent de l'intérieur de mes organes. Eh bien, parmi les souvenirs-fantômes qui aspirent à se lester de couleur, de sonorité, de matérialité enfin, ceux-là seuls y réussiront qui pourront s'assimiler la poussière colorée que j'aperçois, les bruits du dehors et du dedans que j'entends, etc., et qui, de plus, s'harmoniseront avec l'état affectif général que mes impressions organiques composent. Quand cette jonction s'opérera entre le souvenir et la sensation, j'aurai un rêve.

Dans une page poétique des Ennéades, le philosophe Plotin, interprète et continuateur de Platon, nous explique comment les hommes naissent à la vie. La nature, dit-il, ébauche des corps vivants, mais les ébauche seulement. Laissée à ses seules forces, elle n'irait pas jusqu'au bout. D'autre part, les âmes habitent dans le monde des Idées. Incapables d'agir et d'ailleurs n'y pensant pas, elles planent au-dessus du temps, en dehors de l'espace. Mais parmi les corps, il en est qui répondent davantage, par leur forme, aux aspirations de telles ou telles âmes. Et parmi les âmes, il en est qui se reconnaissent davantage dans tels ou tels corps. Le corps, qui ne sort pas tout à fait viable des mains de la nature, se soulève vers l'âme qui lui donnerait la vie complète. Et l'âme, regardant le corps où elle croit apercevoir le reflet d'elle-même, fascinée comme si elle fixait un miroir, se laisse attirer, s'incline et tombe. Sa chute est le commencement de la vie. Je comparerais à ces âmes détachées les souvenirs qui attendent au fond de l'inconscient. Comme aussi nos sensations nocturnes ressemblent à ces corps à peine ébauchés. La sensation est chaude, colorée, vibrante et presque vivante, mais indécise. Le souvenir est net et précis, mais sans intérieur et sans vie. La sensation voudrait bien trouver une forme sur laquelle fixer l'indécision de ses contours. Le souvenir voudrait bien obtenir une matière pour se remplir, se lester, s'actualiser enfin. Ils s'attirent l'un l'autre, et le souvenir-fantôme, se matérialisant dans la sensation qui lui apporte du sang et de la chair, devient un être qui vivra d'une vie propre, un rêve.

La naissance du rêve n'a donc rien de mystérieux. Nos songes s'élaborent à peu près comme notre vision du monde réel. Le mécanisme de l'opération est le même dans ses grandes lignes. Ce que nous voyons d'un objet placé sous nos yeux, ce que nous entendons d'une phrase prononcée à notre oreille, est peu de chose, en effet, à côté de ce que notre mémoire y ajoute. Quand vous parcourez votre journal, quand vous feuilletez un livre, croyez-vous apercevoir effectivement chaque lettre de chaque mot, ou même chaque mot de chaque phrase ? Vous ne liriez pas alors beaucoup de pages dans votre journée. La vérité est que vous ne percevez du mot, et même de la phrase, que quelques lettres ou quelques traits caractéristiques, juste ce qu'il faut pour deviner le reste : tout le reste, vous vous figurez le voir, vous vous en donnez en réalité l'hallucination. Des expériences nombreuses et concordantes ne laissent aucun doute à cet égard. Je ne citerai que celles de Goldscheider et Mueller. Ces expérimentateurs écrivent ou impriment des formules d'un usage courant : « Entrée strictement interdite » « Préface à la quatrième édition », etc. ; mais ils ont soin de faire des fautes, changeant et surtout omettant des lettres. La personne qui doit servir de sujet d'expérience est placée devant ces formules, dans l'obscurité, et ignore naturellement ce qui a été écrit. Alors on illumine l'inscription pendant un temps très court, trop court pour que l'observateur puisse apercevoir toutes les lettres. On a commencé en effet par déterminer expérimentalement le temps nécessaire à la vision d'une lettre de l'alphabet ; est donc facile de faire en sorte que le sujet ne puisse pas distinguer plus de huit ou dix lettres, par exemple, sur les trente ou quarante qui composent la formule. Or, le plus souvent, il lit cette formule sans difficulté. Mais là n'est pas pour nous le point le plus instructif de cette expérience.

Si l'on demande à l'observateur quelles sont les lettres qu'il est sûr d'avoir aperçues, les lettres qu'il désigne peuvent être effectivement présentes ; mais ce seront tout aussi bien des lettres absentes, qu'on aura remplacées par d'autres ou simplement omises. Ainsi, parce que le sens paraissait l'exiger, il aura vu se détacher en pleine lumière des lettres inexistantes. Les caractères réellement aperçus ont donc servi à évoquer un souvenir. La mémoire inconsciente, retrouvant la formule à laquelle ils donnaient un commencement de réalisation, a projeté ce souvenir au dehors sous une forme hallucinatoire. C'est ce souvenir que l'observateur a vu, autant et plus que l'inscription elle-même, Bref, la lecture courante est un travail de divination, mais non pas de divination abstraite : c'est une extériorisation de souvenirs, de perceptions simplement remémorées et par conséquent irréelles, lesquelles profitent de la réalisation partielle qu'elles trouvent çà et là pour se réaliser intégralement.

Ainsi, à l'état de veille, la connaissance que nous prenons d'un objet implique une opération analogue à celle qui s'accomplit en rêve. Nous n'apercevons de la chose que son ébauche ; celle-ci lance un appel au souvenir de la chose complète ; et le souvenir complet, dont notre esprit n'avait pas conscience, qui nous restait en tout cas intérieur comme une simple pensée, profite de l'occasion pour s'élancer dehors. C'est cette espèce d'hallucination, insérée dans un cadre réel, que nous nous donnons quand nous voyons la chose. Il y aurait d'ailleurs beaucoup à dire sur l'attitude et la conduite du souvenir au cours de l'opération. Il ne faut pas croire que les souvenirs logés au fond de la mémoire y restent inertes et indifférents. Ils sont dans l'attente, ils sont presque attentifs. Quand, l'esprit plus ou moins préoccupé, nous déplions notre journal, ne nous arrive-t-il pas de tomber tout de suite sur un mot qui répond justement à notre préoccupation ? Mais la phrase n'a pas de sens, et nous nous apercevons bien vite que le mot lu par nous n'était pas le mot imprimé : il y avait simplement entre eux certains traits communs, une vague ressemblance de configuration. L'idée qui nous absorbait avait donc dû donner l'éveil, dans l'inconscient, à toutes les images de la même famille, à tous les souvenirs de mots correspondants, et leur faire espérer, en quelque sorte, un retour à la conscience. Celui-là est effectivement redevenu conscient que la perception actuelle d'une certaine forme de mot commençait à actualiser.

Tel est le mécanisme de la perception proprement dite, et tel est celui du rêve. Dans les deux cas il y a, d'un côté, des impressions réelles faites sur les organes des sens, et, de l'autre, des souvenirs qui viennent s'insérer dans l'impression et profiter de sa vitalité pour revenir à la vie.

Mais alors, où est la différence entre percevoir et rêver ? Qu'est-ce que dormir ? Je ne demande pas, bien entendu, quelles sont les conditions physiologiques du sommeil. C'est une question à débattre entre physiologistes ; elle est loin d'être tranchée. Je demande comment nous devons nous représenter l'état d'âme de l'homme qui dort. Car l'esprit continue à fonctionner pendant le sommeil ; il s'exerce - nous venons de le voir - sur des sensations, sur des souvenirs ; et soit qu'il dorme, soit qu'il veille, il combine la sensation avec le souvenir qu'elle appelle. Le mécanisme de l'opération paraît être le même dans les deux cas. Pourtant nous avons d'un côté la perception normale, de l'autre le rêve. Le mécanisme ne travaille donc pas, ici et là, de la même manière. Où est la différence ? Et quelle est la caractéristique psychologique du sommeil ?

Ne nous fions pas trop aux théories. On a dit que dormir consistait à s'isoler du monde extérieur. Mais nous avons montré que le sommeil ne ferme pas nos sens aux impressions du dehors, qu'il leur emprunte les matériaux de la plupart des songes. On a vu encore dans le sommeil un repos donné aux fonctions supérieures de la pensée, une suspension du raisonnement. Je ne crois pas que ce soit plus exact. Dans le rêve, nous devenons souvent indifférents à la logique, mais non pas incapables de logique. Je dirai presque, au risque de côtoyer le paradoxe, que le tort du rêveur est plutôt de raisonner trop. Il éviterait l'absurde s'il assistait en simple spectateur au défilé de ses visions. Mais quand il veut à toute force en donner une explication, sa logique, destinée à relier entre elles des images incohérentes, ne peut que parodier celle de la raison et frôler l'absurdité. Je reconnais d'ailleurs que les fonctions supérieures de l'intelligence se relâchent pendant le sommeil, et que, même si elle n'y est pas encouragée par le jeu incohérent des images, la faculté de raisonner s'amuse parfois alors à contrefaire le raisonnement normal. Mais on en dirait autant de toutes les autres facultés. Ce n'est donc pas par l'abolition du raisonnement, non plus que par l'occlusion des sens, que nous caractériserons l'état de rêve. Laissons de côté les théories et prenons contact avec le fait.

Il faut instituer une expérience décisive sur soi-même. Au

sortir du rêve - puisqu'on ne peut guère s'analyser au cours du rêve lui-même - on épiera le passage du sommeil à la veille, on le serrera d'aussi près qu'on pourra : attentif à ce qui est essentiellement inattention, on surprendra, du point de vue de la veille, l'état d'âme encore présent de l'homme qui dort. C'est difficile, ce n'est pas impossible à qui s'y est exercé patiemment. Permettez ici au conférencier de vous raconter un de ses rêves, et ce qu'il crut constater au réveil.

Donc, le rêveur se croit à la tribune, haranguant une assemblée. Un murmure confus s'élève du fond de l'auditoire. Il s'accentue ; il devient grondement, hurlement, vacarme épouvantable. Enfin résonnent de toutes parts, scandés sur un rythme régulier, les cris : « A la porte ! à la porte ! » Réveil brusque à ce moment. Un chien aboyait dans le jardin voisin, et avec chacun des « Ouâ, ouâ » du chien un des cris « A la porte t » se confondait. Voilà l'instant à saisir. Le moi de la veille, qui vient de paraître, va se retourner vers le moi du rêve, qui est encore là, et lui dire : « Je te prends en flagrant délit. Tu me montres une assemblée qui crie, et il y a simplement un chien qui aboie. N'essaie pas de fuir; je te tiens ; tu me livreras ton secret, tu vas me laisser voir ce que tu faisais. » A quoi le moi des rêves répondra : « Regarde : je ne faisais rien, et c'est justement par là que nous différons, toi et moi, l'un de l'autre. Tu t'imagines que pour entendre un chien aboyer, et pour comprendre que c'est un chien qui aboie, tu n'as rien à faire ? Erreur profonde ! Tu donnes, sans t'en douter, un effort considérable. Il faut que tu prennes ta mémoire entière, toute ton expérience accumulée, et que tu l'amènes, par un resserrement soudain, à ne plus présenter au son entendu qu'un seul de ses points, le souvenir qui ressemble le plus à cette sensation et qui peut le mieux l'interpréter : la sensation est alors recouverte par le souvenir. Il faut d'ailleurs que tu obtiennes l'adhérence parfaite, qu'il n'y ait pas le plus léger écart entre eux (sinon, tu serais précisément dans le rêve) ; cet ajustement, tu ne peux l'assurer que par une attention ou plutôt par une tension simultanée de la sensation et de la mémoire : ainsi fait le tailleur quand il vient t'essayer un vêtement simplement « bâti » -, il épingle, il serre autant qu'il peut l'étoffe sur ton corps qui s'y prête. Ta vie, à l'état de veille, est donc une vie de travail, même quand tu crois ne rien faire, car à tout moment tu dois choisir, et à tout moment exclure. Tu choisis parmi tes sensations, puisque tu rejettes de ta conscience mille sensations « subjectives » qui reparaissent aussitôt que tu t'endors. Tu choisis, avec une précision et une délicatesse extrêmes, parmi tes souvenirs, puisque tu écartes tout souvenir qui ne se moule pas sur ton état présent. Ce choix que tu effectues sans cesse, cette adaptation continuellement renouvelée, est la condition essentielle de ce qu'on appelle le bon sens. Mais adaptation et choix te maintiennent dans un état de tension ininterrompue. Tu ne t'en rends pas compte sur le moment, pas plus que tu ne sens la pression de l'atmosphère. Mais tu te fatigues à la longue. Avoir du bon sens est très fatigant.

« Or, je te le disais tout à l'heure : je diffère de toi précisément en ce que je ne fais rien. L'effort que tu fournis sans trêve, je m'abstiens purement et simplement de le donner. Tu t'attaches à la vie ; je suis détaché d'elle. Tout me devient indifférent. Je me désintéresse de tout. Dormir, c'est se désintéresser[1]. On dort dans l'exacte mesure où l'on se désintéresse. Une mère qui dort à côté de son enfant pourra ne pas entendre des coups de tonnerre, alors qu'un soupir de l'enfant la réveillera. Dormait-elle réellement pour son enfant ? Nous ne dormons pas pour ce qui continue à nous intéresser.

« Tu me demandes ce que je fais quand je rêve ? Je vais te dire ce que tu fais quand tu veilles. Tu me prends - moi, le moi des rêves, moi, la totalité de ton passé - et tu m'amènes, de contraction en contraction, à m'enfermer dans le très petit cercle que tu traces autour de ton action présente. Cela c'est veiller, c'est vivre de la vie psychologique normale, c'est lutter, c'est vouloir. Quant au rêve, as-tu besoin que je te l'explique ? C'est l'état où tu te retrouves naturellement dès que tu t'abandonnes, dès que tu négliges de te concentrer sur un seul point, dès que tu cesses de vouloir. Si tu insistes, si tu exiges qu'on t'explique quelque chose, demande comment ta volonté s'y prend, à tout moment de la veille, pour obtenir instantanément et presque inconsciemment la concentration de tout ce que tu portes en toi sur le point qui t'intéresse. Mais adresse-toi alors à la psychologie de la veille. Elle a pour principale fonction de te répondre, car veiller et vouloir sont une seule et même chose. »

Voilà ce que dirait le moi des rêves. Et il nous raconterait beaucoup d'autres choses si nous le laissions faire. Mais il est temps de conclure. Où est la différence essentielle entre le rêve et la veille ? Nous nous résumerons en disant que les mêmes facultés s'exercent, soit qu'on veille soit qu'on rêve, mais qu'elles sont tendues dans un cas et relâchées dans l'autre. Le rêve est la vie mentale tout entière, moins l'effort de concentration. Nous percevons encore, nous nous souvenons encore, nous raisonnons encore : perceptions, souvenirs et raisonnements peuvent abonder chez le rêveur, car abondance, dans le domaine de l'esprit, ne signifie pas effort. Ce qui exige de l'effort, c'est la précision de l'ajustement. Pour qu'un aboiement de chien décroche dans notre mémoire, en passant, le souvenir d'un grondement d'assemblée, nous n'avons rien à faire. Mais pour qu'il y aille rejoindre, de préférence à tous les autres souvenirs, le souvenir d'un aboiement de chien, et pour qu'il puisse dès lors être interprété, c'est-à-dire effectivement perçu comme un aboiement, il faut un effort positif. Le rêveur n'a plus la force de le donner. Par là, et par là seulement, il se distingue de l'homme qui veille.

Telle est la différence. Elle s'exprime sous bien des formes. Je n'entrerai pas dans le détail ; je me bornerai à attirer votre attention sur deux ou trois points : l'instabilité du rêve, la rapidité avec laquelle il peut se dérouler, la préférence qu'il donne aux souvenirs insignifiants.

L'instabilité s'explique aisément. Comme le rêve a pour essence de ne pas ajuster exactement la sensation au souvenir, mais de laisser du jeu, contre la même sensation de rêve s'appliqueront aussi bien des souvenirs très divers. Voici par exemple, dans le champ de la vision, une tache verte parsemée de points blancs. Elle pourra matérialiser le souvenir d'une pelouse avec des fleurs, celui d'un billard avec ses billes -beaucoup d'autres encore. Tous voudraient revivre dans la sensation, tous courent à sa poursuite. Quelquefois ils l'atteignent l'un après l'autre : la pelouse devient billard et nous assistons à des transformations extraordinaires. Parfois ils la rejoignent ensemble : alors la pelouse est billard - absurdité que le rêveur cherchera peut-être à lever par un raisonnement qui l'aggravera encore.

La rapidité de déroulement de certains rêves me paraît être un autre effet de la même cause. En quelques secondes, le rêve peut nous présenter une série d'événements qui occuperait des journées entières pendant la veille. Vous connaissez l'observation d'Alfred Maury[2] : elle est restée classique, et, quoi qu'on en ait dit dans ces derniers temps, je la tiens pour vraisemblable, car j'ai trouvé des récits analogues dans la littérature du rêve. Mais cette précipitation des images n'a rien de mystérieux. Remarquez que les images de rêve sont surtout visuelles ; les conversations que le rêveur croit avoir entendues sont la plupart du temps reconstituées, complétées, amplifiées au réveil : peut-être même, dans certains cas, n'était-ce que la pensée de la conversation, sa signification globale, qui accompagnait les images. Or, une multitude aussi grande qu'on voudra d'images visuelles peut être donnée tout d'un coup, en panorama ; à plus forte raison tiendra-t-elle dans la succession d'un petit nombre d'instants. Il n'est donc pas étonnant que le rêve ramasse en quelques secondes ce qui s'étendrait sur plusieurs journées de veille : il voit en raccourci ; il procède, en définitive, comme fait la mémoire. À l'état de veille, le souvenir visuel qui nous sert à interpréter la sensation visuelle est obligé de se poser exactement sur elle ; il en suit donc le déroulement, il occupe le même temps ; bref, la perception reconnue des événements extérieurs dure juste autant qu'eux. Mais, dans le rêve, le souvenir interprétatif de la sensation visuelle reconquiert sa liberté ; la fluidité de la sensation visuelle fait que le souvenir n'y adhère pas ; le rythme de la mémoire interprétative n'a donc plus à adopter celui de la réalité ; et les images peuvent dès lors se précipiter, s'il leur plaît, avec une rapidité vertigineuse, comme feraient celles du film cinématographique si l'on n'en réglait pas le déroulement, Précipitation, pas plus qu'abondance, n'est signe de force dans le domaine de l'esprit : c'est le réglage, c'est toujours la précision de l'ajustement qui réclame un effort. Que la mémoire interprétative se tende, qu'elle fasse attention à la vie, qu'elle sorte enfin du rêve : les événements du dehors scanderont sa marche et ralentiront son allure - comme, dans une horloge, le balancier découpe en tranches et répartit sur une durée de plusieurs jours la détente du ressort qui serait presque instantanée si elle était libre.

Resterait à chercher pourquoi le rêve préféré tel ou tel souvenir à d'autres, également capables de se poser sur les sensations actuelles. Les fantaisies du rêve ne sont guère plus explicables que celles de la veille ; du moins peut-on en signaler la tendance la plus marquée. Dans le sommeil normal, nos songes ramènent plutôt les pensées qui ont passé comme des éclairs ou les objets que nous avons perçus sans fixer sur eux notre attention. Si nous rêvons, la nuit, des événements de la journée, ce sont les incidents insignifiants, et non pas les faits importants, qui auront le plus de chances de reparaître. Je me rallie entièrement aux vues de Delage, de

W. Robert et de Freud sur ce point. Je suis dans la rue; j'attends le tramway; il ne saurait me toucher puisque je me tiens sur le trottoir : si, au moment où il me frôle, l'idée d'un danger possible me traverse l'esprit - que dis-je ?, si mon corps recule instinctivement sans que j'aie même conscience d'avoir peur, je pourrai rêver, la nuit suivante, que le tramway m'écrase. Je veille pendant le jour un malade dont l'état est désespéré. Qu'une lueur d'espoir s'allume en moi un instant - lueur fugitive, presque inaperçue - mon rêve de la nuit pourra me montrer le malade guéri ; en tous cas je rêverai guérison plutôt que je ne rêverai mort ou maladie. Bref, ce qui revient de préférence est ce qui était le moins remarqué. Rien d'étonnant à cela. Le moi qui rêve est un moi distrait, qui se détend. Les souvenirs qui s'harmonisent le mieux avec lui sont les souvenirs de distraction, qui ne portent pas la marque de l'effort.

Telles sont les observations que je voulais vous présenter au sujet des rêves. Elles sont bien incomplètes. Encore ne portent-elles que sur les rêves que nous connaissons aujourd'hui, sur ceux dont on se souvient et qui appartiennent plutôt au sommeil léger. Quand on dort profondément, on fait peut-être des songes d'une autre nature, mais il n'en reste pas grand-chose au réveil. J'incline à croire - mais pour des raisons surtout théoriques et par conséquent hypothétiques - que nous avons alors une vision beaucoup plus étendue et plus détaillée de notre passé. Sur ce sommeil profond la psychologie devra diriger son effort, non seulement pour y étudier la structure et le fonctionnement de la mémoire inconsciente, mais encore pour scruter les phénomènes plus mystérieux qui relèvent de la « recherche psychique ». Je ne m'aventurerai pas sur ce terrain ; je ne puis cependant m'empêcher d'attacher quelque importance aux observations recueillies avec un si infatigable zèle par la *Society for psychical Research*. Explorer l'inconscient, travailler dans le sous-sol de l'esprit avec des méthodes spécialement appropriées, telle sera la tâche principale de la psychologie dans le siècle qui s'ouvre. Je ne doute pas que de belles découvertes ne l'y attendent, aussi importantes peut-être que l'ont été, dans les siècles précédents, celles des sciences physiques et naturelles. C'est du moins le vœu que je forme pour elle; c'est le souhait que je lui adresse en terminant.

H. Bergson
in L'Energie Spirituelle, 1901

---

1. L'idée que nous présentons ici a fait du chemin depuis que nous la proposions dans cette conférence. La conception du sommeil-désintéressement s'est introduite en psychologie ; on a créé, pour désigner l'état général de la conscience du dormeur, le mot « désintérêt ». Sur cette conception M. Claparède a greffé une très intéressante théorie, qui voit dans le sommeil un moyen de défense de l'organisme, un véritable Instinct.

2. « Je me trouvais couché dans ma chambre, ayant ma mère à mon chevet. Je rêve de la Terreur ; j'assiste à des scènes de massacre, je comparais devant le tribunal révolutionnaire, je vois Robespierre, Marat, Fouquier-Tinville... ; je discute avec eux ; je suis jugé, condamné à mort, conduit en charrette sur la place de la Révolution ; je monte sur l'échafaud l'exécuteur me lie sur la planche fatale, il la fait basculer, le couperet tombe je sens ma tête se séparer de mon tronc, je m'éveille en proie à la plus vive angoisse, et je me sens sur le cou la flèche de mon lit qui s'était subitement détachée, et était tombée sur mes vertèbres cervicales, à la façon du couteau d'une guillotine. Cela avait eu lieu à l'instant, ainsi que ma mère me le confirma, et cependant c'était cette sensation externe que j'avais prise... pour point de départ d'un rêve où tant de faits s'étaient succédé » (MAURY, Le sommeil et les rêves, 4e éd., p. 161).

Copyright © 2017 / FV Éditions
Traduction : H. Legros (1874-1933)
ISBN Couverture Rigide : 979-10-299-0894-1
Tous Droits Réservés

www.ingramcontent.com/pod-product-compliance
Lightning Source LLC
LaVergne TN
LVHW042246070526
838201LV00089B/43